高职高专院校咖啡师专业系列教材编写委员会

主任兼主审：

张岳恒　广东创新科技职业学院院长、管理学博士，二级教授，博士研究生导师，1993年起享受国务院特殊津贴专家

副主任兼主编：

李灿佳　广东创新科技职业学院副院长、广东省咖啡行业协会筹备组长，曾任硕士研究生导师、省督学

委　员：

谭宏业　广东创新科技职业学院经管系主任、教授

丘学鑫　香港福标精品咖啡学院院长、东莞市金卡比食品贸易有限公司董事长、国家职业咖啡师考评员、职业咖啡师专家组成员、SCAA咖啡品质鉴定师、金杯大师、烘焙大师

吴永惠　（中国台湾）国家职业咖啡讲师、考评员，国际咖啡师实训指导导师，粤港澳拉花比赛评委，国际WBC广州赛区评委，IIAC意大利咖啡品鉴师，国际SCAA烘焙大师，国际SCAA IDP讲师，东莞市咖啡师职业技能大赛评委。从事咖啡事业30年，广州可卡咖啡食品公司总经理

邓艺明　深圳市九号咖啡餐饮管理有限公司总经理、广东东莞九号学院实业投资有限公司董事长、省咖啡师大赛评委、省咖啡师考评员、高级咖啡师

李伟慰　广东创新科技职业学院客座讲师、硕士研究生、广州市旅游商务职业学校旅游管理系教师、省咖啡师大赛评委、世界咖啡师大赛评委

李建忠　广东创新科技职业学院经管系教师、高级咖啡师、省咖啡师考评员、东莞市咖啡师技术能手

周妙贤　广东创新科技职业学院经管系教师、高级咖啡师、2014年广东省咖啡师比赛一等奖获得者、广东省咖啡师技术能手、省咖啡师考评员

张海波　广东创新科技职业学院经管系讲师、硕士研究生、高级咖啡师、省咖啡师考评员

逯　铮　广东创新科技职业学院经管系讲师、硕士研究生、高级咖啡师、省咖啡师考评员

高职高专院校咖啡师专业系列教材

Cafe Management
咖啡馆经营管理

李建忠　编著

暨南大学出版社
JINAN UNIVERSITY PRESS

中国·广州

图书在版编目（CIP）数据

咖啡馆经营管理/李建忠编著．—广州：暨南大学出版社，2015.8（2019.9重印）
（高职高专院校咖啡师专业系列教材）
ISBN 978－7－5668－1446－3

Ⅰ．①咖…　Ⅱ．①李…　Ⅲ．①咖啡馆—商业经营—高等职业教育—教材
Ⅳ．①F719.3

中国版本图书馆CIP数据核字（2015）第121054号

咖啡馆经营管理
KAFEIGUAN JINGYING GUANLI
编著者：李建忠

……………………………………………………………………………

出 版 人：徐义雄
责任编辑：潘雅琴　范小娜
责任校对：胡　芸　周优绚
责任印制：汤慧君　周一丹

出版发行：暨南大学出版社（510630）
电　　话：总编室（8620）85221601
营销部（8620）85225284　85228291　85228292（邮购）
传　　真：（8620）85221583（办公室）　85223774（营销部）
网　　址：http://www.jnupress.com
排　　版：广州良弓广告有限公司
印　　刷：深圳市新联美术印刷有限公司
开　　本：787mm×960mm　1/16
印　　张：11
字　　数：210千
版　　次：2015年8月第1版
印　　次：2019年9月第2次
印　　数：3001—3500册
定　　价：45.00元

总　序

改革开放以来，中国咖啡业进入了一个快速发展时期，成为中国经济发展的一个新的增长点。

今日的咖啡已经成为地球上仅次于石油的第二大交易品。咖啡在世界上的每一个角落都得到普及。中国咖啡业伴随着国内对世界的开放、经济的繁荣，得到迅速发展。星巴克（Starbucks）、咖世家（Costa）、麦咖啡（McCafe）、咖啡陪你（Caffebene）等众多世界连锁咖啡企业纷纷进驻中国的各大城市，已成为人们生活中必不可少的部分，咖啡文化愈演愈浓。

近十年来，咖啡行业在广东也得到迅猛的发展。广州咖啡馆的数量从最初的几十家发展到现在的一千多家，且还有上升的势头；具有一定规模的咖啡培训机构有数十家；咖啡供应商比比皆是。民间组织每年还不定期举办各类的咖啡讲座、展览会或技能比赛。享有"咖啡奥林匹克"美誉的世界百瑞斯塔（咖啡师）比赛（World Barista Championship，简称 WBC）选择广州、东莞、深圳作为选拔赛区，旨在引领咖啡界的时尚潮流，推广咖啡文化，为专业咖啡师提供表演和竞技的舞台。

随着咖啡馆的不断增多，作为咖啡馆灵魂人物的"专业咖啡师"也日渐紧俏。咖啡馆、酒吧的老板们对高级专业咖啡师求贤若渴。但从市场的需求来看，咖啡师又处于紧缺的状态。据中国咖啡协会的资料显示，上海、广州、北京、成都等大中城市的咖啡师每年缺口约 2 万人。

顺应社会经济发展的需求，努力培养咖啡行业紧缺的咖啡师人才，是摆在高职高专院校面前的重要任务。广东创新科技职业学院精心组织了著名的教育界专家、优秀的咖啡专业教师、资深的咖啡行业专家一起编写了这套"高职高专院校咖啡师专业系列教材"，目的是解决高职高专院校开设咖啡师专业的教材问题；为咖啡企业培训咖啡人才提供所需的教材；为在职的咖啡从业人员提升自我、学习咖啡师相关知识提供自学读本。

本系列教材强调以工作任务带动教学的理念，以工作过程为线索完成对相关知识的传授。编写中注重以学生为本，尊重学生学习理解知识的规律；从有利于学生参与整个学习过程，在做中学、在做中掌握知识的角度出发，注意在学习过程中调动学生学习的积极性。

在本系列教材的编写过程中，编者尽力做到以就业为导向，以技能培养为核心，突出知识实用性与技能性相结合的原则，同时尽量遵循高职高专学生掌握技能的规律，让学生在学习过程中能够熟练掌握相关技能。

本系列教材全面覆盖了国家职业技能鉴定部门对考取高级咖啡师职业技能资格证书的知识体系要求，让学生经过努力学习，能顺利考取高级咖啡师职业技能资格证书。

本系列教材在版式设计上力求生动实用，图文并茂。

本系列教材的编写得到了不少咖啡界资深人士的热情帮助，在此，一并表示衷心的感谢！

广东创新科技职业学院

高职高专院校咖啡师专业系列教材编写委员会

2015 年 3 月

前　言

随着中国社会经济发展水平的提高，以及第三波中国咖啡热潮的开始，咖啡文化以及咖啡饮品已经融入我们的生活之中。如今，社会上出现了众多中小型咖啡馆连锁品牌，也有许多对咖啡有浓厚兴趣的咖啡爱好者，以及梦想拥有一家个人专属特色咖啡馆的人群，纷纷涌入开店的热潮中来。为了适应咖啡行业的快速发展，社会急需一批拥有咖啡馆经营管理理论知识与实践能力的人才，本教材就是为了培养这样的高级人才而编写的。

本教材的主要教学对象是高职高专院校的学生，因而在编写过程中，编者本着“教、学、做”一体化的原则，以项目驱动应用为主旨，以理论性和应用性为特征，在构建课程与教学内容体系上，充分考虑本教材教学对象的实际情况，使教材内容来自实践又能够指导实践，力图将实用的咖啡馆经营管理方法传授给学生。

本教材共分八大项目，以咖啡馆经营管理活动的基本过程为主线，系统论述了咖啡馆的市场营销管理、物料管理、人力资源管理、产品与服务质量管理、财务管理、设备维修保养管理、安全管理等环节的理论知识与实际操作方法。同时，在具体项目内容的编写上，本教材突出互动性，强调教师传授和学生主动思考的结合。每个项目有一个总的项目总述，每个项目下又设置了具体的任务，每个任务均以“课堂活动”导入开篇，启发学生主动思考，然后在“理论加油站”部分讲述理论知识，最后在“实训任务”中由教师指导学生完成实训任务。

本教材在编写过程中参考和吸取了相关教材和著作的部分成果，未能一一列明，在此谨向有关作者表示诚挚的谢意。由于水平有限，加之时间仓促，本教材中肯定存在不足之处，恳请读者批评指正。

李建忠

2015 年 6 月 25 日

目 录

Contents

项目一

咖啡馆经营管理概述

项目总述

管理是社会化大生产的客观要求和直接产物，是每一种集合的社会生产方式中必不可少的活动。咖啡馆是一个以提供咖啡饮品为主，同时提供其他类饮品及西点食品等餐饮服务的经营场所，其经营活动的有效组织和运行也离不开科学的管理。咖啡馆经营管理就是以现代酒店、饭店管理理论为指导，结合市场营销学与管理学等学科的相关理论，综合运用现代科学技术和多学科知识，分析和揭示咖啡馆经营管理活动的客观规律和特点，对咖啡馆进行科学的管理。

● 课堂活动

一、课堂活动描述

在学习具体的咖啡馆经营管理知识之前，作为咖啡馆的一名经营管理者，应该对整个中国的咖啡行业现状及发展情况有一定的了解，因为只有在整个大环境的需求下才会有各式各样咖啡馆的出现，相继而来的才是对咖啡馆经营管理人才的需求。所以这节课的课堂活动主要是带领同学们对中国的咖啡行业、咖啡馆及咖啡馆经营管理方面的问题展开思考。

二、课堂活动实施

步骤 1：同学们分组交流，结合自己住所附近的商业圈，谈谈近几年咖啡行业的发展情况。

步骤 2：与同学们分享你最想开的一家咖啡馆是什么样的。

步骤 3：探讨一下作为咖啡馆的一名经营管理者，咖啡馆经营管理应涉及哪些内容，要掌握哪些基本的技能。

步骤 4：总结以上三个问题，每组派一名代表向全班同学介绍你们的讨论结果。

三、任务评价（评价计分表如下）

组别	姓名	交流咖啡行业发展（25分）	理想咖啡馆的描述（25分）	经营管理内容和技能（25分）	总结与汇报成果（25分）	总分

● 理论加油站

一、咖啡馆经营管理的概念

咖啡馆经营管理的概念有广义和狭义之分，要真正理解这一概念，必须掌握其经营和管理的差别。

所谓咖啡馆经营，是指以市场为中心，面向消费者，进行市场调查和预测，遵循市场规律，合理选择目标市场，确定咖啡馆的经营方向、经营目标和经营策略的全部活动。因而，经营的重点是研究咖啡馆如何与变化的外部环境保持动态的平衡，并适应市场的发展变化，从而促使咖啡馆健康、持续地发展。

所谓咖啡馆管理，则是以实现咖啡馆的经营目标为出发点，对咖啡馆的各种资源要素进行合理而有效的配置，以实现最佳的经济效益，达到咖啡馆经营目标的要求。

因此，咖啡馆经营和管理是既相互联系又有区别，相互交叉和渗透的一对概念。一方面，经营是管理的前提。经营不仅要面向市场，要确定咖啡馆未来经营发展的方向和目标，而且要为管理活动的进行提出相应的标准和要求。因而，如果只重视管理而忽视经营，必然是一种盲目的、无效的管理。另一方面，管理是经营的手段和保障。通过科学的管理，不仅能够有效地实现咖啡馆经营的目标，而且能够提高咖啡馆经营的效率和效益。因此，如果只重视经营而忽视管理，则经营目标就无法实现。所以，作为咖啡馆的一名经营管理者，必须既懂得经营，又懂得管理，并把经营和管理有机地结合起来，贯穿于咖啡馆的各项工作中，才能真正提高咖啡馆的经营管理水平和工作效率。

所以，咖啡馆经营管理是指咖啡馆经营管理人员根据市场需要，对咖啡馆的全部经济活动进行计划、组织、指挥、协调和控制，充分利用咖啡馆的资源和设施，进行优化配置，以形成最大接待能力，达到最佳服务水平，满足消费者需求，提高咖啡馆经济效益，实现咖啡馆经营目标的全部活动。

二、咖啡馆经营管理的特征

要更好地理解咖啡馆经营管理的概念，必须掌握其以下的基本特征：

（一）咖啡馆经营管理是与市场经济的发展密切相关的

在现代社会中，咖啡馆是一个独立的经济实体，它的经营是自负盈亏的，没有市场经济就没有咖啡馆经营管理。所以咖啡馆必须以市场为导向，面向消费者，提供优质的咖啡馆产品与服务，于是搞好咖啡馆经营管理成为咖啡馆发展的重大课题。因此，市场经济的发展是咖啡馆加强经营管理的前提。

（二）咖啡馆经营管理是咖啡馆追求经济效益目标的客观要求

咖啡馆作为一个独立的经济实体，其生存和发展的根本目的在于通过经营咖啡馆取得预期的经济效益。经济效益不仅是咖啡馆追求的经济目标，也是评价咖啡馆经营好坏的重要标志。任何一家咖啡馆要取得良好的经济效益，就必须加强经营管理。只有不断降低成本，提供高质量的、令消费者满意的咖啡馆产品与服务，才能取得较好的经济效益。

（三）咖啡馆经营管理是咖啡馆适应环境变化、不断发展的需要

从系统观的角度出发，咖啡馆是外部大系统的一个子系统。咖啡馆经营所需的资金、人才、设备及各种原材料都来自外部环境，而咖啡馆产品与服务的销售也离不开外部环境。因此，咖啡馆只有主动地适应外部环境的变化，努力提高自己对环境的应变能力，才能求得咖啡馆的生产和发展，取得更好的经济效益。可见，咖啡馆经营管理也是在外部环境不断变化的大背景下，促使咖啡馆努力实现与外部环境动态平衡而必须采取的措施和手段。

三、咖啡馆经营管理的任务

咖啡馆经营管理的任务，是在不断提高咖啡馆经营管理水平的基础上，合理组织咖啡馆经营业务，正确处理各方面关系，有效配置各种资源，不断提高咖啡馆的经济效益和社会效益。具体来讲，咖啡馆经营管理的任务有以下几个方面：

（一）合理组织咖啡馆经营业务，不断满足社会需求

咖啡馆经营管理活动的中心是经营。从字义上理解，“经”是谋划，“营”是目的，“经营”就是通过谋划达到一定的目的。因此，咖啡馆必须以市场为中心，面向消费者，按照消费者需求来运筹谋划咖啡馆的经营业务，确定咖啡馆的发展方向、经营目标、经营战略和重点。同时，在此指导下，合理组织人力、财力、物力，向消费者提供物美价廉、适销对路的咖啡馆产品及相关的服务，不断满足社会的需求。

为了组织好咖啡馆的经营业务，咖啡馆经营管理者必须根据市场需求和预测结果，结合自己的经营条件，制订经营计划，把各种资源有效地配置和组合，取得应有的经济效益。

（二）加强咖啡馆的综合管理，提高经济效益和社会效益

咖啡馆的生存和发展，最终取决于咖啡馆经济效益的好坏。咖啡馆的经济效益，是指咖啡馆经营管理的有效成果同取得这一成果的劳动消耗和占用时间的比例关系。追求经济效益，不仅是市场经济规律的客观要求，也是改善咖啡馆经营管理、促进咖啡馆持续发展的内在动力。要提高咖啡馆的经济效益，就必须加强咖啡馆的综合管理，建立健全各种规章制度，采用科学合理的工作方法并使用现代化的手段。

咖啡馆在追求经济效益的同时，还必须重视咖啡馆的社会效益。咖啡馆的社会效益，是指咖啡馆对社会需求的满足及对咖啡文化的影响。因为，一方面咖啡馆满足了公众对休闲生活及各种咖啡饮品消费的需求；另一方面咖啡馆作为“咖啡文化”的一个传播站，反映着社会经济、咖啡文化及意识形态的状况。因而咖啡馆的社会效益不仅对咖啡馆自身的经济效益产生影响，而且对所处地区或城市的咖啡文化产生着重要影响。倘若在经营管理中只重视经济效益而不顾社会效益，最终还是会阻碍咖啡馆及咖啡行业自身的健康发展。

（三）积极学习、借鉴国外先进的咖啡馆经营管理经验

咖啡业在国外是一个很成熟的行业，因而咖啡馆经营管理也具有国际性与成熟性。尤其是我国在经济、文化等发展上的差距，使得我们在咖啡馆经营管理及传播咖啡文化方面的基础十分薄弱。因此，必须更新观念，积极学习、借鉴和引进国外咖啡馆经营管理的先进方法和经验，结合我国咖啡行业的实际情况，探索建立既与国外咖啡馆经营管理理念接轨，又能充分体现中华民族特色的咖啡馆经营管理科学体系，迅速提高咖啡馆的经营和管理水平，促进我国咖啡业的不断发展。

四、咖啡馆经营管理的内容

咖啡馆经营管理的目的是通过对咖啡馆制定的经营方针和计划的实施，满足顾客对咖啡馆产品与服务的各种需求，从而获取利润。具体内容包括以下几个方面：

（一）熟悉营销环境与市场定位

随着咖啡行业的发展，咖啡馆的数量越来越多，咖啡消费的选择权已从卖方市场转入买方市场。因此，作为咖啡馆的经营管理者，在进行经营管理之前，必须明确咖啡馆面向的市场领域、顾客类型、顾客收入水平、顾客偏好以及自身拥有的资源与顾客需求的适应度，这是经营管理者开展各项经营管理活动的前提条件。

（二）建立健全各项管理制度

规范的咖啡馆经营管理工作，必须建立健全各项管理制度、标准与规程，以便对整个生产与经营过程进行监督和控制，如制定标准成本、产品制造操作规程、产品质量标准、服务规范、劳动定额等，从而加强成本与质量控制，树立产品形象与咖啡馆的整体形象，使咖啡馆取得良好的经济效益与社会效益。

（三）保持并不断提高产品质量和服务质量

能否保持并不断提高产品及服务的质量是决定咖啡馆经营管理成败的关键之一。因此，咖啡馆经营管理者可以考虑以岗位责任制为中心，建立相应的规章制度，制定各岗位的操作规程和质量标准，严格检查制度。物料仓库应抓好采购、验收、储藏、发放过程中的原料质量检查，以保证原料符合食品加工要求；吧台应抓好原料加工的规范流程，保证产品供应的快速、稳定及产品卫生；咖啡馆外围服务应坚持按照服务规程进行，不断改善服务细节，提高咖啡馆外围服务质量。

（四）控制成本，增加盈利

咖啡馆成本控制是降低食品成本、增加咖啡馆盈利的必要措施，是咖啡馆经营管理的重要内容。成本控制涉及一系列的业务环节，因此，咖啡馆管理者应做好销量预测，并据此制订物料的采购计划，根据劳动定额指标合理组织人力和安排员工工作时间，在保障产品质量和服务质量的前提下，最经济地使用人力，以降低人工费用，增加盈利。

（五）加强营销活动管理，增加营业收入

营销活动管理是衡量咖啡馆经营管理者经营管理内容的重要组成部分。咖啡馆经营管理者应在充分了解顾客对象的情况下，研究顾客的需求，制订营销活动方案与实施计划，开展促销活动，抓好节假日活动和店长推荐产品的宣传，以争取更多的顾客和提高顾客平均消费额。

（六）确保食品卫生和设备安全

产品的卫生质量是衡量咖啡馆服务质量的重要指标。咖啡馆是为广大顾客服务的公共场所，负有相应的社会责任，因而产品卫生和设备安全是否符合标准直接影响到咖啡馆的声誉和经济利益。因此，必须加强产品卫生和设备安全管理，加强预防措施，确保产品卫生、环境卫生和员工个人卫生都符合标准要求，以杜绝食品污染、食物中毒等事故的发生。

（七）组织员工培训，提高从业人员素质和技术水平

咖啡馆应根据自身发展的具体情况，制订职工发展和培训计划，对员工进行思想品德、职业道德和咖啡文化的教育，并开展有针对性的咖啡技术培训，以不断提高员工的行业素质和业务水平，形成稳定、训练有素的员工队伍。事实上，加强员工的培训教育是咖啡馆克服服务质量不稳定，保持和不断提高服务质量的唯一有效途径。

● 实训任务

使用已学过的基本知识，采访一位咖啡馆店长，并填好以下表格，记下他经营管理一家咖啡馆的工作内容，并且总结要完成这些工作需要掌握哪些技能。

________店长经营管理一家咖啡馆的工作采访汇总表

序号	日常工作	具备的技能	重要指数（5星）
1			☆☆☆☆☆
2			☆☆☆☆☆
3			☆☆☆☆☆
4			☆☆☆☆☆
5			☆☆☆☆☆
6			☆☆☆☆☆
7			☆☆☆☆☆
8			☆☆☆☆☆
9			☆☆☆☆☆
10			☆☆☆☆☆
11			☆☆☆☆☆

（续上表）

序号	日常工作	具备的技能	重要指数（5 星）
12			☆☆☆☆☆
13			☆☆☆☆☆
14			☆☆☆☆☆
15			☆☆☆☆☆

项目二

咖啡馆市场营销管理

项目总述

咖啡馆经营管理的目的是继续生存和不断发展，咖啡馆赖以生存和发展的条件正是它的顾客。如何服务好顾客，充分了解顾客的需求，这就涉及咖啡馆营销方面的工作。作为咖啡馆经营管理者，在开展一系列营销活动之前，首先应该了解和熟悉咖啡馆自身的营销环境、做好市场细分工作、确定咖啡馆的目标市场、通过目标市场调查充分了解目标市场的需求；其次根据目标市场的需求结合咖啡馆自身可提供的产品与服务，制定相应的营销组合策略，实施营销计划。

任务一 咖啡馆营销环境

● 课堂活动

一、课堂活动描述

在对咖啡馆市场营销工作的内容有了一定了解之后，接下来我们将要学习有关咖啡馆市场营销的具体知识，首先我们来认识咖啡馆的营销环境。这节课的课堂活动主要是让同学们找一个自己熟悉的咖啡馆做一次简单的营销环境描述，总结相关的影响因素，然后再尝试区分哪些属于内部环境，哪些属于外部环境，初步体验这节课的学习内容。

二、课堂活动实施

步骤 1：确定一家你最熟悉的咖啡馆，尽可能详细地描述它的店外环境。

步骤 2：在描述完店外环境之后，再尽可能详细地描述它的店内环境。

步骤 3：在描述完咖啡馆的店外环境与店内环境之后，总结在这些因素中哪些因素是主要因素，哪些是次要因素。

步骤4：对这家咖啡馆的营销环境作出总结后，向全班同学介绍。

三、任务评价（评价计分表如下）

组别	姓名	店外环境描述（25分）	店内环境描述（25分）	环境因素评级描述（25分）	总结与汇报成果（25分）	总分

● 理论加油站

在咖啡馆经营活动中，咖啡馆的营销工作既受自身条件的影响，也受外部条件的制约。识别环境变动带来的机会和威胁，根据环境的特点与发展态势，制定并不断调整营销策略是咖啡馆营销工作的内容之一。

一、咖啡馆营销环境的定义

咖啡馆营销环境是指影响和制约咖啡馆营销活动的各种内部条件和外部因素的总和。咖啡馆总是生存于一定的环境之中，其营销活动离不开自身条件，也离不开周围环境。内部条件咖啡馆管理者可以控制，但外部因素却是咖啡馆管理者难以掌控的。咖啡馆营销活动不仅要主动地去适应环境，还要通过把握和预测环境，在某种程度上去影响环境，使环境有利于咖啡馆的发展。

二、咖啡馆营销环境的分类

按咖啡馆界线（系统边界）来划分，咖啡馆营销环境可以分为咖啡馆外部营销环境和咖啡馆内部营销环境。

（一）咖啡馆外部营销环境

咖啡馆外部营销环境是指直接影响与制约咖啡馆营销活动的外在因素，即与咖啡馆紧密相连，直接影响咖啡馆营销能力的各种参与者，如供应商、竞争者、顾客以及公众等。咖啡馆外部环境一般是咖啡馆难以控制的，营销策略应当是主动地去适应环境。

1. 供应商

供应商是指向咖啡馆提供生产性产品与服务或产品原料的企业或个人。供应商对咖啡馆的营销活动有着重大的影响。供应商决定了产品原料的价格、质量以及供应水平，直接制约着企业产品的成本、利润及销售量。作为咖啡馆的店长，应密切关注主要物料的价格变化趋势，以免因供应原料的提价而使原来预测的成本增加，从而利润减少。同时，也要注意供应来源的可靠性，这就要求咖啡馆一方面与主要的供应商建立长期的信用关系，另一方面又要避免原料的单一化，受制于人。因此，作为咖啡馆的店长必须经常留意供应商的变化情况。

2. 竞争者

只要存在商品生产和商品交换，就必然存在竞争。在同一产品市场上，咖啡馆会面临诸多竞争者，咖啡馆的营销系统肯定会受到竞争对手的影响。这是咖啡馆开展营销活动时必须考虑的十分重要的制约力量。

按照现代市场营销观念，如果企业要在竞争中成功，就必须在满足消费者欲望方面比竞争对手强。因此，咖啡馆要识别各种不同的竞争者，并采取不同的竞争对策。一般说来，咖啡馆面临着以下四种不同层次的竞争者：

（1）愿望竞争者

愿望竞争者是指提供不同产品与服务以满足消费者的不同需求的竞争者。消费者在同一时刻的愿望是多方面的，但多数很难同时被满足，这就出现了满足不同需求的竞争者。例如，有两家咖啡馆，一家是以休闲聊天为主题的咖啡馆，另一家是以快速打包外带为主题的咖啡馆，虽然它们都是咖啡馆，但是满足了消费者的不同需求，这样形成的竞争者为愿望竞争者。

（2）平行竞争者

平行竞争者是指能满足同一种需求的提供不同产品及服务的竞争者。消费者会在确定目前需求的基础上进一步判定选择，即“选择哪一家咖啡馆能更好地满足这一需求”。例如，两家咖啡馆都是以休闲聊天为主题的咖啡馆，但是一家咖啡馆的产品辅食以面包为主，另一家咖啡馆的产品辅食以比萨为主，那么这两家咖啡馆也就相互成为各自的平行竞争者。

（3）产品形式竞争者

产品形式竞争者是指满足同一需要且产品形式也相同的竞争者。例如，上面提到的平行竞争者，假设它们在产品形式上都相近的话，那么它们就是产品形式竞争者。

（4）品牌竞争者

品牌竞争者是指在该区域具有一定品牌影响力的竞争者。例如，咖啡馆的附近开了一家星巴克（全球最大的咖啡连锁店），那么星巴克就是该地区咖啡馆中的品牌竞争者。

3. 顾客

顾客在这里是指咖啡馆的消费者市场，即咖啡馆服务的对象。他们是咖啡馆赖以生存的关键因素，也是我们接下来要学习的市场细分、市场调查的重要对象。

4. 公众

公众在这里是指除顾客以外对咖啡馆现实营销目标有实际或潜在利害关系和影响力的任何团体或个人。在通常情况下，一家咖啡馆所面临的公众主要有以下四种类型：

（1）政府公众

政府公众是指有关的政府机构，包括财政、工商、税务、卫生等部门。咖啡馆在制订营销计划时，必须充分考虑政府的行为。

（2）媒体公众

媒体公众主要指能够播放新闻与评论，有广泛影响力的大众传播媒体，如报纸、杂志、广播、电视等。它们对咖啡馆声誉及形象的建立有十分重要的作用。

（3）社团公众

社团公众包括消费者组织、行业协会组织及其他有影响力的公众团体。他们的一些活动可能会对咖啡馆的营销活动有一定的影响，咖啡馆应及时关注他们的活动动态。

（4）一般当地公众

一般当地公众是指咖啡馆所在地附近的上述各种公众关系之外的居民群众。一般当地公众虽然可能是一种松散的、非组织性的公众，他们没有严密的组织形式来关注咖啡馆的行为，但他们对咖啡馆的印象却影响着消费者对咖啡馆产品及服务的看法。因此，咖啡馆必须关注自身的“公众形象”，可以通过公益体验活动等途径来创造良好的公众营销环境。

（二）咖啡馆内部营销环境

咖啡馆内部营销环境是指咖啡馆内部的物质、文化等环境的总和，包括内部管理、营销能力、财务状况以及咖啡馆文化等，这些因素也可称为咖啡馆内部条件。咖啡馆内部营销环境是咖啡馆经营的基础，是咖啡馆制定战略的出发点、依据和条件，是竞争取胜的根本。

三、咖啡馆营销环境的 SWOT 分析

（一）咖啡馆营销环境 SWOT 分析的含义

SWOT 分析法又被称为态势分析法，它是由美国旧金山大学管理学的教授于 20 世纪 80 年代初提出来的，SWOT 的四个英文字母分别代表：优势（Strength）、劣势（Weakness）、机会（Opportunity）、威胁（Threat）。

所谓咖啡馆营销环境 SWOT 分析，就是将与咖啡馆研究对象密切相关的各种主要内部营销环境的优势与劣势和外部营销环境的机会与威胁等，通过调查列举出来，并依照矩阵形式排列，然后用系统分析的思想，把各种因素相互匹配起来加以分析，从中得出相应的结论。S、W 是内部营销环境因素，O、T 是外部营销环境因素。按照咖啡馆竞争战略的完整概念，战略应是一个咖啡馆“能够做的”（即咖啡馆内部营销环境的优势与劣势）和“可能做的”（即咖啡馆外部营销环境的机会与威胁）之间的有机组合。

从整体上看，咖啡馆营销环境 SWOT 分析可以分为两个部分：第一部分为 S、W，主要用来分析咖啡馆内部营销环境；第二部分为 O、T，主要用来分析咖啡馆外部营销环境。利用这种方法可以从中找出对自己有利的、值得发扬的因素，以及对自己不利的、要避开的因素，发现存在的问题，找出解决的办法，并明确以后的发展方向，为咖啡馆店长做决策和规划提供依据。

（二）咖啡馆营销环境 SWOT 分析的步骤

咖啡馆营销环境 SWOT 分析法常常被用于制定咖啡馆发展战略和分析竞争对手情况，在战略分析中，它是最常用的方法之一。进行咖啡馆营销环境 SWOT 分析，主要有以下几个步骤：

1. 列出咖啡馆营销环境因素

运用各种调查研究方法，列出咖啡馆所处的各种营销环境所包含的因素，即咖啡馆内部营销环境因素和咖啡馆外部营销环境因素。咖啡馆内部营销环境因素包括优势因素和劣势因素，它们是咖啡馆在其发展过程中自身存在的积极和消极

因素，属于主动因素；咖啡馆外部营销环境因素包括机会因素和威胁因素，它们是外部营销环境对咖啡馆的发展有直接影响的有利和不利因素，属于客观因素。

优势，是咖啡馆内部营销环境因素，具体包括：充足的财政支持、良好的企业形象、技术力量强、规模经济、产品质量高、市场份额大、成本低、广告攻势强等。

劣势，也是咖啡馆内部营销环境因素，具体包括：设备老化、管理混乱、研发产品落后、资金短缺、经营不善、竞争力差等。

机会，是咖啡馆外部营销环境因素，具体包括：新产品、新市场、新需求、竞争对手失误等。

威胁，也是咖啡馆外部营销环境因素，具体包括：新的竞争对手出现、替代产品增多、市场紧缩、行业政策变化、经济衰退、顾客偏好改变、突发事件等。

2. 构造咖啡馆营销环境 SWOT 矩阵

将调查得出的各种因素根据轻重缓急或影响程度等排序，构造咖啡馆营销环境 SWOT 矩阵，如下表所示。

咖啡馆营销环境 SWOT 矩阵

内部营销环境	潜在内部优势（S）	潜在内部劣势（W）
	·充足的财政支持 ·物料成本优势 ·产品与服务质量高 ·良好的企业形象	·设备老化 ·竞争地位恶化 ·产品线范围过广 ·管理混乱
外部营销环境	潜在外部机会（O）	潜在外部威胁（T）
	·可以增加互补产品 ·能争取到新的顾客群 ·扩展产品线满足顾客需要及其他	·市场增长较慢 ·新的竞争者进入行业 ·顾客需求与爱好逐步转变

3. 全面客观地了解、熟悉咖啡馆营销环境

通过构造咖啡馆营销环境 SWOT 矩阵，咖啡馆经营管理者可以很直观地全面了解及熟悉一家咖啡馆的营销环境。作为一名合格的咖啡馆经营管理者，对自己经营管理的咖啡馆的营销环境有全面客观的了解是非常必要的，它是咖啡馆经营管理者对咖啡馆进行经营与管理的前提。

4. 分析总结

在全面客观了解、熟悉咖啡馆营销环境后，便可以对咖啡馆面临的营销环境

进行分析与总结。分析总结的基本思路是：发挥优势因素，克服劣势因素，利用机会因素，化解威胁因素；考虑过去，立足当前，着眼未来。运用系统分析的综合分析方法，总结出一系列未来咖啡馆在经营管理上进行改善的工作重点。

● 实训任务

实训任务一：任课教师带领学生到附近的一个商业圈，选定一家咖啡馆，记录这家咖啡馆的营销环境情况，并完成下表的填写。

咖啡馆营销环境一览表

外部营销环境	
内部营销环境	

实训任务二：在任课老师的指导下，请学生运用SWOT分析法对这家咖啡馆的营销环境进行分析，并完成下表的填写。

	优势（S）	劣势（W）
内部营销环境		
	机会（O）	威胁（T）
外部营销环境		

客观描述该咖啡馆的营销环境：________________

____

____

____

____

分析、总结该咖啡馆的改善重点：________________

____

____

____

____

任务二　咖啡馆市场调查

● 课堂活动

一、课堂活动描述

学会了运用 SWOT 分析法客观地认识和分析咖啡馆营销环境后，接下来我们就要学习如何对咖啡馆周边的消费市场进行客观的市场调查。只有充分客观地了解了外部消费市场的特征，才能有目标地进行市场细分与确定目标市场的工作，才能以最合适的营销方式向目标市场提供最满意的产品与服务。所以这节课的课堂活动主要是让同学们了解对目标市场进行调查的内容和分析方法。

二、课堂活动实施

步骤 1：确定一家你熟悉的咖啡馆，分析它周围的外部环境大概有哪些消费群体。

步骤 2：假设你要对这家咖啡馆的外部消费群体进行市场调查，你觉得需要调查哪些方面的内容？

步骤 3：结合自己的经验谈一下在这些需要进行市场调查的内容中，哪些是主要的内容，哪些是次要的内容。

步骤4：对以上三个问题做一次总结，向全班同学介绍你分析的结果。

三、任务评价（评价计分表如下）

组别	姓名	周围群体的描述（25分）	市场调查内容的描述（25分）	重要、次要内容的描述（25分）	总结与汇报成果（25分）	总分

● 理论加油站

一、咖啡馆市场调查的含义

现代市场营销学指出从企业或卖方角度来看，市场由三个要素构成：有某种需要的人、购买力和购买欲望。只有当三个要素都同时具备时，企业才拥有市场，或者说拥有顾客。

市场 = 人口 + 购买力 + 购买欲望

上述三个要素，构成了企业的整个市场，缺少其中任何一个要素都不能构成企业的市场，这三个要素构成市场的矛盾运动，制约市场规模（即市场容量的大小），决定市场的基本状况及发展趋势。同样，咖啡馆市场也是由人口、购买力及购买欲望构成。咖啡馆的市场调查是指以提高咖啡馆营销效益为目的，依据一定的理论原则，采用科学方法，有组织、有计划地对人口、购买力及购买欲望等进行资料收集、整理和分析，最终提出解决问题的建议的一种科学方法。

二、咖啡馆市场调查的特征

（一）客观性

咖啡馆市场调查是对调查活动中所收集的咖啡馆市场信息进行客观公正、实事求是的记录，它不受任何主观因素的影响。

（二）目的性

咖啡馆进行市场调查是为了收集咖啡馆市场特定方面的信息，存在明显的目的性。咖啡馆市场调查的最终目的是为咖啡馆制定战略规划、政策或策略，为经营管理决策提供信息支持。

（三）全程性

在激烈的市场竞争中，咖啡馆市场调查工作不仅仅是对市场信息资料进行收集，而是进行市场调查方案的设计，收集、整理、分析资料和提出调查报告这样一个完整的过程。

（四）社会性

咖啡馆市场调查是面向社会的调研活动，涉及社会经济生活的各个领域。咖啡馆市场调查的主要对象是对咖啡馆有需求的消费者群体。随着市场营销范围的不断拓展和营销观念的转变，咖啡馆市场调查研究的内容和应用的范围也随之扩大。

（五）不确定性

市场是一个受众多因素综合影响和作用的场所，而这些影响市场的因素本身就具有不确定性和多样性，所以咖啡馆市场调查误差是不可避免的。咖啡馆市场调查仅是预测和决策的基础，不能保证通过市场调查作出的预测和决策就一定是正确的。

（六）科学性

咖啡馆市场调查是采用一系列科学的方法去收集市场信息，而不是凭借主观臆断。在咖啡馆市场调查中，无论是对资料的收集、整理，还是分析，都是在一定的科学原理的指导下进行的，如运用统计学、数学、概率论等学科知识对咖啡馆市场信息进行汇总分析等，这些方法都是在实践中被证明的行之有效的方法。

（七）时效性

咖啡馆市场调查是在一定时间、地点条件下进行的，反映的是市场在特定情况下的信息，具有一定的时效性。随着时间的推移，市场又会出现新情况，产生新问题，如果按照已有的过去的市场信息去安排营销活动，必然会偏离实际。市场是不断变化和发展的，必须根据市场的发展情况进行市场调研活动，才能使咖啡馆经营决策符合实际。

三、咖啡馆市场调查的作用

（一）咖啡馆市场调查是咖啡馆实现生产目的的重要环节

咖啡馆经营的目的是满足消费者日益增长的物质和文化生活需要，为此，首先要了解消费者需要什么，以便按照消费者的需要进行生产，尤其是消费者的需求在不断变化，这就需要及时进行市场调查。因此，咖啡馆市场调查是咖啡馆实现生产目的的重要环节。

（二）咖啡馆市场调查是咖啡馆进行决策和修订策略的客观依据

咖啡馆进行经营决策，首先要了解内部和外部的环境及信息，要掌握信息，就必须进行咖啡馆市场调查。咖啡馆的经营管理者要针对某些问题进行决策或修订原定策略——产品策略、定价策略、分销策略、广告和推广策略等，通常需要了解和考虑多方面的情况与问题，例如：①产品品质在消费者心中的印象如何？②怎样才能增加产品的销售量？③产品的价格怎样？④怎样去组织产品推销？如此种种问题，只有通过咖啡馆市场调查后才能得到具体答案，才能为决策或修订策略提供客观依据。

（三）咖啡馆市场调查是咖啡馆改进技术的重要途径

当今世界，科学技术发展迅速，新发明、新创造、新技术和新产品层出不穷，日新月异。通过咖啡馆市场调查所得到的信息和资料有助于咖啡馆及时了解消费者对产品质量与品质的要求，从而改进技术，推出新产品。

（四）咖啡馆市场调查是增强咖啡馆竞争力和应变能力的重要手段

市场竞争是激烈的，情况也在不断发生变化。市场上的各种变化因素可以归结为两类：一类是“可控制因素”，如产品、价格、分销、广告和推广等；另一类是“非可控制因素”，如咖啡馆外部环境，包括供应商、竞争者、消费者等因素。这两类因素不仅相互联系、相互影响，而且在不断发生变化。只有及时调整“可控制因素”以适应“非可控制因素”的变化情况，才能在激烈的市场竞争中占据有利地位。只有通过咖啡馆市场调查，才能及时了解各种“非可控制因素”的变化情况，从而有针对性地采取某种应变措施去应对竞争。

四、咖啡馆市场调查的内容

市场调查的内容十分广泛，涉及市场营销活动的整个过程，但因行业性质，企业经营方向、经营范围和经营环境的不同，具体进行市场调查的内容也就不尽相同。即使是同一企业，由于所面临的营销任务的侧重点不同以及营销活动所处的阶段不同，其市场调查的内容也就不同。从研究商品销售的角度来看，咖啡馆市场调查的主要内容包括以下几大方面：

（一）咖啡馆市场需求调查

市场需求调查是咖啡馆在一定时期和特定的范围内，针对社会对咖啡行业需求情况的市场调查，又称为市场潜力调查。市场需求调查是咖啡馆寻找目标市场、确定生产经营规模和制定营销策略的重要依据，调查内容主要包括消费者为什么购买、购买什么、购买数量、购买频率、购买时间、购买方式、购买习惯、购买偏好和购买后的评价等。

1. 消费需求量调查

消费需求量一般会受到两个因素的直接影响：一是人口数量。一般来说，人口数量多，市场规模就大，对产品的需求量就必然增加。当然，在考虑需求量时，也要分析人口的属性状况，如年龄、性别、受教育程度等因素。二是支付购买力。在拥有一定的支付购买力条件下，人口数量与消费需求量才有密切相关的关系。消费购买力分析主要包括消费者的货币收入来源、数量、需求支出方向以及储蓄情况等。

2. 消费结构调查

消费结构是指消费者将其货币收入用于不同产品支出的比例，它决定了消费者的消费投向。对消费结构的调查尤其要关注恩格尔系数。恩格尔系数越少，说明消费者用于食品方面的支出就越小，其他方面的支出就越多。

3. 消费者购买动机调查

购买动机就是为了满足一定的需要而引起的购买行为的愿望和意念。影响消费者购买动机的因素很多，有客观方面的原因，也有主观方面的原因，故对购买动机进行调查的难度较大，需要通过直接调查与间接调查相结合来进行。

（二）咖啡馆营销因素调查

咖啡馆营销因素调查主要包括对产品、价格、渠道和促销的调查。

1. 产品调查

一个咖啡馆要想在激烈的市场竞争中求得生存和发展，就必须以消费者的需求为中心，提供顾客需求的产品与服务。所以，咖啡馆应了解提供什么样的产品与服务才能满足顾客需求，这对咖啡馆制定营销策略至关重要。产品调查的主要内容有：市场上新产品开发的情况、设计的情况、消费者使用的情况、消费者的评价、产品生命周期阶段、产品的组合情况等。

2. 价格调查

在市场经济条件下，价格是影响产品交换的主要因素，价格直接影响咖啡馆的产品销售量和利润。因此，通过市场调查制定合理的价格策略对咖啡馆营销活动具有重要意义。产品价格调查的主要内容有：制约咖啡馆价格变动的相关因素，产品需求的价格弹性，各种价格对产品销售和营销目标的影响，新产品和替代品的价格的确定，消费者对价格的接受情况、对价格策略的反应等。

3. 渠道调查

渠道调查主要是指咖啡馆的销售渠道设计是否合理。销售渠道研究是咖啡馆从其销售策划的目的出发，对咖啡馆外带打包销售、店面销售、微信下单销售等渠道所做的进一步了解，销售渠道影响着生产和消费之间产品的数量、结构及其时间、空间上的矛盾，销售渠道设计是否合理，将直接影响咖啡馆的销售效益。

4. 促销调查

促销是咖啡馆营销活动的重要内容。促销研究不仅能对促销组合诸要素进行运筹规划，形成有效的营销方案，而且能指导促销活动的有效展开。促销调查主要是对各种促销活动的效果的调查，如调查广告实施的效果、人员推销的效果、营业推广的效果和对外宣传的市场反应等。

（三）咖啡馆市场竞争状况调查

竞争可分为直接竞争和间接竞争两种。一般而言，直接竞争是指经营同类或类似产品的咖啡馆之间的竞争。间接竞争则是指经营种类不同但能力相同的其他饮品店的竞争。在竞争调查中，需要查明市场竞争的结构和变化趋势、主要竞争对手的情况以及本咖啡馆产品竞争成功的可能性。具体内容主要包括：①是否存在直接竞争；②主要竞争对手是谁，占有多少市场份额，其生产规模和扩大销售的计划又如何；③主要竞争对手的产品成本优势和劣势、价格优势以及对市场的控制能力；④除主要竞争对手外，其他竞争对手的情况；⑤是否存在间接竞争；⑥目前市场上还存在什么样的空白等。咖啡馆只有了解了这些情况，做到知己知彼，才能制定出有效的竞争策略。

● 实训任务

选定一家熟悉的咖啡馆，在它的外部营销环境内，完成以下至少 100 份的调查问卷（包含所有不同类的消费群体）。

关于咖啡馆开设的问卷调查

问卷调查目的：购买原因、服务、环境因素、竞争对手、价格、品种、装修风格、灯光设计、宣传手段、促销手段等。

尊敬的受访者：

您好！我们是××学院的学生。烦请您花上几分钟的时间填写这份关于×××咖啡馆开设的调查问卷，我们将对答案进行保密，请放心填写，您的意见和建议对我们十分重要！感谢您的支持与合作！

姓名________ 性别________ 年龄________ 职业________

1. 购买原因

(1) 请问您是出于哪种情况饮用咖啡？(可多选)(　　)

A. 情趣　B. 消除疲劳　C. 喜爱咖啡口感

D. 休闲，约会，旅游　E. 待客　F. 其他____

(2) 您选择咖啡的标准是什么？(可多选)(　　)

A. 口味独特　B. 品牌吸引　C. 受他人影响

D. 广告吸引　E. 其他____

(3) 您去咖啡馆喝咖啡时更注重____？

A. 环境　B. 服务态度　C. 味道

D. 地理位置　E. 咖啡店的特色

2. 服务

(4) 您认为咖啡馆应具备的服务有哪些？(可多选)(　　)

A. 无线上网　B. 书籍、杂志阅读　C. 音乐，电视

D. 棋牌，零食

(5) 您认为咖啡馆的服务人员工作时应穿什么衣服？(　　)

A. 工作服　B. 便装

(6) 您觉得咖啡馆需要开展外卖服务吗？(　　)

A. 需要　B. 不需要　C. 无所谓

3. 环境因素

(7) 您常饮用咖啡的地点是____？

A. 家里　B. 咖啡馆

C. 工作场地　D. 必胜客、麦当劳等消费场所

(8) 您希望咖啡馆提供隐蔽的场所吗？(　　)

A. 希望　　B. 不希望　　C. 无所谓

4. 竞争对手

(9) 您常去的咖啡馆有哪些？(____________________)

(10) 这些咖啡馆的什么吸引您？(____________________)

5. 价格

(11) 您认为单杯咖啡合理的价格区间是____？

A. 10 元及以下　　B. 11 ~ 15 元　　C. 16 ~ 20 元

D. 21 ~ 25 元　　E. 26 元及以上

6. 品种

(12) 您饮用咖啡的类别是____？

A. 现磨　　B. 速溶

(13) 您常饮用的咖啡的品牌是____？(可多选)

A. 雀巢　　B. 麦斯威尔　　C. 上岛

D. 克莱士　　E. 哥伦比亚　　F. 其他____

(14) 您希望品尝什么口味的咖啡？(可多选) (　　)

A. 蓝山咖啡　　B. 摩卡咖啡　　C. 巴西咖啡

D. 夏威夷咖啡　　E. 哥伦比亚咖啡　　F. 其他____

7. 装修风格

(15) 您希望咖啡馆使用哪种风格的装修？(　　)

A. 现代简约　　B. 古典欧式　　C. 时尚新颖

D. 格调高雅　　E. 其他____

8. 灯光设计

(16) 您希望咖啡馆使用哪种风格的灯光？(　　)

A. 柔和　　B. 明亮　　C. 昏暗

D. 其他____

9. 宣传手段

(17) 您平常通过什么渠道接触到咖啡馆的广告？(可多选) (　　)

A. 商场陈列　　B. 电视广告　　C. 媒体

D. 网络　　E. 促销人员　　F. 其他____

10. 促销手段

(18) 如果咖啡馆新增特别活动，您去咖啡馆的次数会增加吗？(　　)

A. 一定会　　B. 应该会　　C. 也许会

D. 应该不会　　　　　　E. 不确定

(19) 您一般在咖啡馆停留多长时间?(　　)

A. 半小时　　　　　　B. 1～2 小时　　　　　　C. 2～3 个小时

D. 3～4 个小时　　　　E. 半天　　　　　　F. 其他____

(20) 您消费咖啡的方式是____?

A. 打包带走　　　　　　B. 店内品尝

任务二　咖啡馆市场细分及目标市场确定

● 课堂活动

一、课堂活动描述

通过市场调查，在充分了解和认识了咖啡馆的外部各个消费群体的特征之后，接下来我们就要开始对咖啡馆市场进行细分，然后再结合咖啡馆自身的特点分析确定咖啡馆的目标市场。这节课的课堂活动就是让同学们站在自己是咖啡馆的经营管理者的角度，对自己熟悉的一个商业圈做一次简单的市场细分及确定这家咖啡馆的目标市场，初步体验这节课的学习内容。

二、课堂活动实施

步骤 1：假设你是一家咖啡馆的经营管理者，请结合自己的生活经验，简要分析你最熟悉的一个商圈的市场群体有哪些。

步骤 2：根据你所选出的市场群体，进行初步的细分并分析各个细分市场的特征、购买力等。

步骤 3：根据自己所做的市场细分及细分市场分析，确定自己的咖啡馆的目标市场。

步骤4：总结以上三个问题，向全班同学介绍你们分析的结果。

三、任务评价（评价计分表如下）

组别	姓名	商圈市场描述（25分）	市场细分及分析描述（25分）	确定目标市场描述（25分）	总结与汇报成果（25分）	总分

● 理论加油站

一、咖啡馆市场的细分及目标市场

（一）咖啡馆市场细分的概念

市场细分是由消费者需求的“异质性”引起的。市场可以分为“同质市场”和“异质市场”两类。凡消费者对商品的需求、欲望、购买行为和对经营组合策略的反应有一定的一致性，这种产品的市场就是同质市场，如蔬菜市场、食盐市场等，生产和销售此类商品的无须进行市场细分。但是大部分商品的市场，由于消费者的需求有较大的差异，这种市场就是异质市场。在咖啡馆市场上，根据消费者的不同偏好，向消费者提供不同的产品与服务。

咖啡馆为明确经营方向，根据服务对象的需求、购买心理和行为的差异，把异质市场划分为若干个子市场，以便有效地调配资源进行销售的行为叫咖啡馆市场细分。同一细分市场中的个人、团体有着某种或某些共有的特点，消费者的需求差别很细微，而各个不同的细分市场之间，消费者的需求则呈现出比较显著的区别。

（二）咖啡馆市场细分的作用

1. 有利于咖啡馆研究潜在市场需求，发现新的市场机会

通过市场细分，咖啡馆可以有效地了解和分析不同消费者群的需求满足程度和市场上的竞争状况，制定相宜的营销策略，只有这样才有可能占据市场优势地位。

2. 有利于咖啡馆制定经营策略和调整生产、销售计划

通过市场细分，集中了解了目标市场的需求和愿望，就可以制订不同的经营方案，更好地研究营销因素组合，以适应各细分市场的要求。

3. 有利于咖啡馆提高竞争力，以较小的投入争取理想的经济效益

确定了目标市场后，咖啡馆可以集中人力、财力、物力，经营适销对路的咖啡馆商品，有的放矢地开展针对性经营。

4. 有利于咖啡馆确定市场覆盖策略，发挥优势，扬长避短

大型的咖啡馆往往提供多种产品与服务，以最大限度地吸引顾客。小型咖啡馆由于资金、设备和规模的限制，在整体市场或较大的细分市场上无法与大市场竞争，但它们却可根据自身特点针对某些尚未满足的咖啡馆市场需求，推出合适的产品，以获得良好的效益。

（三）咖啡馆市场细分的要求

一般来说，咖啡馆要发现和选择有利的细分市场，应注意以下几点：

1. 划分细分市场的特性必须是可衡量的

如果咖啡馆市场的某些因素或特征难以识别与量度，那么它们就不能作为细分市场的依据。因此，在确定划分市场特性时必须考虑其可衡量的特点，从而测定细分市场的规模与购买力。

2. 细分市场的规模必须大到足以使咖啡馆实现它们的利润目标，而且有一定的发展潜力

在进行市场细分时，咖啡馆必须考虑细分市场上顾客的数量和购买力。为此，市场细分应该从富有潜力的市场起步，处理好当前经济利益与长远利益的关系。

3. 细分市场必须是可以达到的

咖啡馆应该有能力通过各种广告手段，把咖啡馆的产品信息传递给细分市场的消费者，而且能够使咖啡馆产品通过营销活动为该细分市场的消费者群所购买。如果市场难以达到，咖啡馆产品就难以对消费者有所影响，那么对这种市场进行细分是毫无意义的。

4. 各个细分市场对咖啡馆市场营销各项组合中任何要素的变动都能作出差异性的反应

如果几个细分市场对同一种市场营销组合作出相似的反应，那么这样的市场细分是不成功的。对细分的消费者群，应该统筹考虑他们对所有市场营销组合因素的各种反应，这样才可能为所选择的目标市场制订出有效的市场营销组合方案。

（四）咖啡馆市场细分的划分标准

影响咖啡馆消费需求的因素不仅是多方面的，而且是非常复杂的，消费者的生活环境、社会经济地位、人口特点、生活方式、性格、购买行为等对咖啡馆的消费需求都有不同程度的影响，从而使消费者对咖啡馆的消费需求多种多样、千差万别，这些区别就是市场细分的依据。

1. 以人口学因素为标准

（1）年龄标准

年龄是咖啡馆市场细分中最常用的标准。人们在不同年龄阶段，对咖啡馆的消费需求往往有很大的差别。咖啡馆市场一般根据青年、中年等标准来划分。按年龄标准划分的市场较具有现实性，因为处于人生历程各阶段的消费者一般都会根据自己的收入状况、家庭周期来支配自己的购买行为。

（2）性别标准

咖啡馆这种特殊类型的企业，一般可根据性别特征来确定目标市场。男性消费者在消费行为和消费动机等方面与女性消费者有很大差别。如在进行咖啡馆消费时，女性比较关注环境和价格，男性更注重服务和整体感受，能比较果断地作出消费决策。因此，消费者的性别也是影响咖啡馆经营的重要因素。

（3）家庭结构标准

家庭结构直接影响家庭负担及消费行为。咖啡馆市场更加注重满足单身族、丁克族以及三口之家的消费需求。据调查，年轻的单身一族不仅在咖啡馆的消费频率高，而且每次的消费额也很高。

2. 以社会经济因素为标准

（1）教育标准

受教育程度不同的消费者在志趣、生活方式、文化素养、价值观念等方面都会表现出一定的差异，从而影响到他们的咖啡馆消费行为和消费习惯，如受教育程度高的消费者，对咖啡馆消费的卫生条件、环境布置的要求比较高。

（2）职业标准

消费者的职业不同也会引起消费差异。这种差异，部分原因在于从事不同职业的人所获得的收入不同，但相当一部分差别却是由职业特点引起的，如公司职员、业务人员在工作的时候，因时间关系一般只能以便捷的外带方式进行消费，那么咖啡馆可以根据这些特点适时推出各种外带套餐产品。

（3）收入标准

收入水平的高低，不仅决定着消费需求的大小，也决定着消费层次的高低。收入还会影响消费行为、消费习惯等。高收入者在咖啡馆消费时，主要考虑咖啡馆的产品质量与服务，对价格考虑较少；而低收入者则会经常考虑咖啡馆产品是否经济实惠、质价相符。

3. 以生活方式为标准

生活方式的类型很多，如地位型、享乐型、朴素型、时髦型等。特别是随着社会的进步和人们物质生活水平的提高，人们在温饱等低层次的需求得到满足之后，就会在自我价值、自我实现方面提出更高的要求。因此，咖啡馆以心理标准来划分市场，根据不同消费群体的生活方式、个性及所处的社会阶层，有针对性地改善咖啡馆环境，提高产品质量，以满足其需要，就显得更为重要。

（五）咖啡馆市场细分的步骤

1. 选择好需要咖啡馆产品与服务的细分市场群体

需要注意的是，每个所确定的细分市场群体范围的宽度必须适中，要与咖啡馆的自身能力和营销目标相联系。这一步通常以职业与受教育程度、年龄、家庭、单身情况等为细分依据。

2. 根据划分好的细分市场群体，深入每个细分市场群体进行调查设计并组织调查活动

重点调查每个细分市场群体的人口数量、消费者需求、生活习惯、消费规律、经济收入水平、消费水平等。

3. 分析调查结果并确定各个细分市场的名称、规模、特征

结合咖啡馆自身的优势与劣势，确定目标市场，设计营销组合策略。

二、咖啡馆目标市场的确定

咖啡馆的目标市场是指经过市场细分之后，咖啡馆准备以相应的产品去满足一个或几个细分市场的需求，简单地说，目标市场就是咖啡馆当前和今后一段时期内主要的客源市场。

（一）咖啡馆目标市场的确定依据

1. 咖啡馆目标市场有一定的需求规模

咖啡馆目标市场的需求规模包括现实需求规模和潜在需求规模。咖啡馆开发

一个新的市场，需要付出相当大的代价、承担巨大的经营风险等。若市场有潜在需求，但现实需求规模过小，那么咖啡馆进入后达不到规模效益，产品成本徒增，就会无利可图；若市场有现实需求而缺乏潜在需求，那么咖啡馆能短期赢利，但不利于咖啡馆较长时期的发展。

2. 目标市场尚未被竞争对手完全控制

咖啡馆经营管理者必须了解细分市场中的竞争状况，即竞争者是否已完全控制该市场以及潜在的竞争情况等。如果该细分市场尚未被竞争对手控制，咖啡馆进入市场后可通过充分发挥自身优势来占据一席之地。如果竞争者几乎已经完全控制了该细分市场，那么除非本咖啡馆竞争实力足够强，进入市场后能与竞争者正面竞争，否则咖啡馆不要盲目入市。

3. 目标市场与咖啡馆经营能力相适应

咖啡馆选择目标市场，既要考虑细分市场的客观条件，更要分析咖啡馆自身对该细分市场的适应能力。可谓知己知彼，才能百战百胜，只有当细分市场与咖啡馆人力、财力、物力及经营管理水平等主观条件相适应时，才能将该细分市场作为咖啡馆的目标市场。

（二）咖啡馆目标市场的选择策略

咖啡馆目标市场选择策略是指咖啡馆如何选择自己的目标市场。现实中一些咖啡馆常用的目标市场选择策略有：

1. 无差异营销策略

无差异营销策略，是指咖啡馆不进行市场细分，而把整个市场作为自己的经营对象。这种策略在咖啡馆的实际经营中表现为不分主次，凡是客人都接待。咖啡馆经营管理者试图用一种营销组合来应对整个市场，目的是集中满足市场消费者的共同需要。这种策略在营销学中称为无差异营销策略。无差异营销策略适用于：

第一，同质市场，即市场需求差异小得可以忽略不计的市场；

第二，新产品介绍期；

第三，需求大于供给的卖方市场。

无差异营销策略既有一定优点又有不足之处。优点主要是它可以降低咖啡馆的经营成本和营销费用。由于采用单一性的营销组合，产品的组合成本、销售渠道的费用及促销费用都大大降低。不足之处是这种策略忽视了市场需求的差异，可能会导致部分顾客不满意。另外，这种策略不能适应竞争激烈的市场环境。

2. 差异性营销策略

咖啡馆选择两个或两个以上的目标市场，并针对不同目标市场采用不同的营销组合，这种经营策略在营销学中称为差异性营销策略。差异性营销策略适用于：

第一，规模大、资源雄厚的咖啡馆或咖啡连锁企业；

第二，竞争激烈的市场；

第三，产品成熟阶段。

3. 集中性营销策略

有时，咖啡馆经营管理者不愿意将咖啡馆有限的资源分散在许多亚市场上，避免势单力薄，而宁可将资源集中使用于某一个最有潜力且最能适应的亚市场上，这样可以在自己的目标市场上取得绝对优势或建立强大的形象。

咖啡馆经营管理者使用某种特定的营销组合来满足某个单一目标市场，并将咖啡馆的人力、财力、物力集中于这个目标市场，这种策略在营销学中称为集中性营销策略。集中性营销策略适用于：

第一，咖啡馆资源并不多的中小型咖啡馆；

第二，竞争比较激烈的市场。

集中性营销策略对咖啡馆的主要好处有：首先，它有利于咖啡馆经营项目专门化；其次，它有利于咖啡馆提高资源的利用率；最后，它还有利于咖啡馆在目标市场上建立扎实的基础。这种营销策略的目的是希望能在较小的市场中占领较大的市场份额。由于咖啡馆将资源集中于某一亚市场，因此咖啡馆所冒的风险较大，万一目标市场发生不利的变化，咖啡馆就会面临危险。为此，营销人员在采用这种策略时应特别小心谨慎。

近年来，由于咖啡行业竞争日益激烈，采用差异性营销策略的咖啡馆也日趋增多。这就意味着咖啡馆将以多种产品、多种价格、多种销售渠道及多种促销手段来满足不同的目标市场，由于选择多个目标市场，咖啡馆的收入得以增加，并能减少咖啡馆的经营风险。但也由于目标市场的增多，咖啡馆的经营费用和营销费用也随之增多，同时也增加了咖啡馆经营管理者管理工作的难度。

● 实训任务

实训任务一：在完成至少 100 份的调查问卷（包含所有不同类的消费群体）后，对咖啡馆市场进行细分，然后总结描述这些细分市场的特征，完成下表。

咖啡馆涉及的消费人群及特征汇总表

细分市场名称				
细分市场客观特征描述				

实训任务二：结合咖啡馆自身的特点与优势，确定咖啡馆的主要目标市场、第二目标市场及第三目标市场。

总结：____________________

主要目标市场：____________________

第二目标市场：____________________

第三目标市场：____________________

任务四　咖啡馆营销组合策略

● 课堂活动

一、课堂活动描述

在确立了咖啡馆的目标市场后，接下来咖啡馆经营管理者的工作就是根据客观的调查分析结果，除了有针对性地对咖啡馆的产品与服务进行改善外，最重要的是确定适合目标市场的市场营销组合，攻克目标市场。所以这节课的课堂活动是让同学们对市场营销学中的4P营销组合有一定的了解，初步尝试确定适合咖啡馆目标市场的营销组合。

二、课堂活动实施

步骤1：请你简单地陈述市场调查与制定目标市场营销组合的关系。

步骤2：现在请你回忆在市场营销学中4P营销组合具体指哪四方面的内容。

步骤3：现在请根据4P营销组合的具体内容，结合你的生活经验，简单提出咖啡馆应该如何结合4P营销组合销售自己的产品与服务。

步骤 4：对以上三个问题做一次总结，向全班同学介绍你们分析的结果。

三、任务评价 （评价计分表如下）

组别	姓名	两者关系描述（25 分）	4P 营销组合内容描述（25 分）	结合 4P 营销组合描述（25 分）	总结与汇报成果（25 分）	总分

● 理论加油站

一、咖啡馆营销组合的定义

咖啡馆营销组合，就是对咖啡馆可控因素进行最佳组合和运用，以适应不断变化的市场环境的营销战略。咖啡馆营销组合的基本要求及目的，就是要用最合适的咖啡馆产品及服务、最合适的价格、最合适的销售方式和渠道、最合适的促销方法及最佳的组合，更好地满足宾顾的需求，以取得最佳的经济效益和社会效益。

二、咖啡馆营销组合的策略

市场营销的因素较多，根据美国学者麦克塞斯的分类方法，可把市场营销组合的因素分为：产品（Product）、价格（Price）、销售渠道（Place）和促销（Promotion）四个方面，简称为市场营销组合的“4P”战略。这四个因素的不同组合及变化，可以产生出多种营销组合策略，但必须适应咖啡馆经营环境的变化要求。在此简单介绍以下四种常用的策略：

（一）咖啡馆产品策略

任何咖啡馆要想在市场竞争中立于不败之地，就必须根据目标市场的需求及特点，结合本咖啡馆的经营能力，制定可行的咖啡馆产品与服务策略。咖啡馆产品与服务策略，因咖啡馆等级与类型的不同而有所差别，下面从一般的角度介绍咖啡馆产品特色策略、咖啡馆产品组合策略、咖啡馆产品多元化经营策略。

1. 咖啡馆产品特色策略

咖啡馆产品没有特色，就没有市场竞争力和生命力。因此，每个咖啡馆都要根据目标市场的需求，设法在顾客心目中树立起咖啡馆产品的鲜明特色，从而占领顾客的“心理市场”。采用咖啡馆产品特色策略，一般可从以下三方面考虑：一是在有同类市场的情况下，通过开发新的服务项目，提高服务档次和水平，提供多种咖啡馆产品规格，来增加咖啡馆产品的特色，以区别于其他咖啡馆；二是在有同类竞争者的情况下，努力在咖啡馆产品和服务的质量、规模及价格上创特色，达到以质取胜、以量取胜、以廉取胜，提高咖啡馆的市场竞争力和地位；三是在提供同类产品的情况下，通过发展“缺口”产品、“组合”产品、“特色”产品来创造特色，从而提高咖啡馆产品的独特性和竞争力，吸引更多的顾客。

2. 咖啡馆产品组合策略

咖啡馆产品组合策略，是指把多个咖啡馆产品和服务项目有机地结合起来，以适宜的价格出售给顾客，又称为报价产品。咖啡馆产品组合策略的目的，是增强咖啡馆产品的吸引力，方便顾客，并满足不同层次顾客的需求。采用咖啡馆产品组合策略，一是要确定销售目标和对象，明确什么时间、向谁销售咖啡馆组合产品；二是要合理设计咖啡馆组合产品的名称和内容，要能够迎合顾客的心理，从而刺激消费，同时又在经营上可行，经济上有利；三是正确制定组合产品的价格，一般要求组合产品价格略低于单项产品价格之和，使顾客感到有利可图；四是选择组合产品的传递方式及广告媒体，并根据不同的目标市场和消费对象，采用不同的促销方法和策略。

3. 咖啡馆产品多元化经营策略

咖啡馆产品多元化经营策略，是指咖啡馆为了提高市场竞争能力和应变能力，根据市场消费需求，同时经营和提供多种咖啡馆产品和服务的经营策略。多元化经营策略就短期而言，是在咖啡馆现有设施、设备、服务水平和管理能力的基础上，以现有咖啡馆产品和服务为核心，纵向或横向发展，在咖啡馆产品和服务的规模、品种、用途等方面推陈出新，从而满足顾客多样化的需求，提高咖啡馆的吸引力。多元化经营策略从长期来看，则是以市场消费需求变化为导向，通过分析市场供求和竞争状况，分析本咖啡馆在未来市场变化中存在的问题和机遇，抓住机遇，解决问题，增加咖啡馆产品和服务项目，挖掘咖啡馆资源潜力，从而扩大咖啡馆经营范围，提高咖啡馆的竞争能力。

（二）咖啡馆价格策略

产品价格，是咖啡馆经营销售的关键因素。价格制定得是否合理、适当，直接关系到咖啡馆产品和服务的销售，关系到咖啡馆的生存和发展。咖啡馆为了在市场营销中占据主动地位，常常要在不同时期采取不同的价格策略，常用的价格策略主要有以下几类。

1. 咖啡馆新产品价格策略

当咖啡馆推出一个新产品或一项新服务时，应根据市场需求、市场竞争状况和产品与服务的特色，灵活合理地采用高价策略、中价策略或低价策略。高价策略，是指在推出新的咖啡馆产品和服务时，把价格定得很高，从而在短期内获取丰厚利润的策略，其主要适用于市场需求量小、咖啡馆产品和服务独占市场的情况。低价策略，是指在推出咖啡馆产品或服务时，把价格定得低于市场平均价，以尽快地占领市场，主要适用于竞争对手多、市场需求量大、产品需求弹性大的情况。中价策略，介于前两种定价策略之间，是以均衡收益为定价目标的定价策略，又称为“满意价格”，主要适用于大众化消费的咖啡馆产品和服务。

2. 咖啡馆产品市场寿命周期价格策略

咖啡馆产品市场寿命周期价格策略，主要根据咖啡馆产品所处的不同的寿命周期阶段而采用的不同的价格策略。通常，当咖啡馆产品处于投入期，即刚推出时，应采用新产品价格策略；当咖啡馆产品处于成长期时，应采取稳定价格或略降低价格策略，以刺激需求持续上升，并阻碍其他咖啡馆竞争者进入；当咖啡馆产品处于成熟期时，在以稳定价格保持咖啡馆产品形象和咖啡馆声誉的同时，要采用优惠价吸引“回头客”，或争取更多的新顾客；当咖啡馆产品处于衰退期时，为了减少损失和有利于咖啡馆产品的转换，可适当降价维持。总之，根据咖啡馆的产品和服务所处的不同的市场寿命周期阶段，而采取不同的价格策略，对提高咖啡馆经营水平是十分重要的。

3. 咖啡馆产品优惠价格策略

这种策略主要是指咖啡馆经营管理者为了扩大咖啡馆产品和服务的销路，拓宽客源市场，提高市场占有率，而对顾客采取各种不同形式的优惠价格，包括折扣价格、赊销价格/附赠价格、差价等。折扣价格是为了鼓励顾客多消费咖啡馆产品和服务而给予的一种让价，一般根据咖啡馆经营状况和市场竞争态势，给予

8～9 折优惠。赊销价格，是对有支付能力而暂时不能付现的顾客，给予一定的赊销优惠，每隔一定时间集中结算一次款项，从而方便顾客的消费。附赠价格，是当顾客消费咖啡馆产品和服务时，以不同的形式给予顾客一定的馈赠，以刺激其更多地消费咖啡馆产品和服务。差价则是按不同季节、不同产品和服务、不同地区制定不同的价格，以满足不同顾客的需求。

4. 咖啡馆产品心理价格策略

这种价格策略主要是针对顾客心理而确定价格，主要有尾数定价、整数定价、声望定价、招待定价等策略。尾数定价，是以带零头数结尾的数字定价，此法容易使顾客产生产品价格偏低、数字吉利的心理效应。整数定价，是为方便顾客消费而制定的不带尾数的价格，其特点是方便交易，给人以“一分钱一分货”的心理效应。声望定价，是按照优质优价原则，对咖啡馆产品和服务制定较高的价格，尤其是咖啡馆产品和服务中有特色，并在顾客中占领了“心理市场”的，更应保持高价，以满足顾客在消费中产生的地位尊贵等心理需求。招待定价，是针对消费者各种心理，采用优惠价、酬宾价、贵宾价等各种方式，迎合顾客心理，促进咖啡馆产品和服务的销售。

（三）咖啡馆销售渠道策略

咖啡馆销售渠道策略，是指咖啡馆通过选择营销渠道形式，来促进咖啡馆产品和服务销售的策略。根据目前我国咖啡馆的实际，有三种基本的销售渠道策略。

1. 外带销售策略

外带销售策略是指咖啡馆的销售渠道主要以鼓励顾客外带打包为主的销售模式。这种销售策略可以摆脱咖啡馆可能因为店内座位不足而限制咖啡馆产品的销售量的状况。例如，星巴克就是主要采用鼓励顾客外带打包的销售策略，来提高星巴克产品的销售量。

2. 店座销售策略

店座销售策略是指咖啡馆鼓励顾客坐在店里消费，它与外带销售策略是相对的。有时咖啡馆的经营管理者由于咖啡馆的生意不好，会采用这种销售策略，这样可以营造热闹的场面，让咖啡馆看起来人气很旺。

3. 互联网销售策略

互联网销售策略是指咖啡馆利用互联网技术，在网上销售自己咖啡馆的产品。互联网销售策略是随着互联网的进步而发展起来的，例如微信下单、微博下单、团购网下单等。

使用这种销售策略不但可以提高咖啡馆的营业额，还可以在网上做好宣传，提高咖啡馆的知名度。

（四）咖啡馆促销策略

咖啡馆促销，是指咖啡馆通过采用各种方法促使消费者对咖啡馆产品和服务产生兴趣，增强咖啡馆的吸引力，从而增进咖啡馆产品和服务的销售。促销，作为咖啡馆市场营销组合的重要组成部分，关键在于通过沟通咖啡馆与顾客之间的信息交流渠道，增进他们之间的相互了解，更好地促进咖啡馆产品和服务的销售。同时，通过促销还能刺激消费、引导消费，从而稳定和提高咖啡馆产品和服务的销量。咖啡馆促销策略主要有两种基本类型，即人员促销和非人员促销。人员促销，又称为人员推销，是通过咖啡馆的营销人员和其他员工，直接面向顾客进行的推销活动。非人员促销，则主要通过广告、宣传及营业推广来促进咖啡馆产品和服务的销售。

为了提升咖啡馆促销的效率和效果，要根据咖啡馆的营销目标，针对目标市场而采取有效的促销手段，从而吸引和招揽更多的顾客。在此介绍一些在咖啡馆日常经营管理中常用的促销手段。

1. 传统渠道促销手段

（1）满额送

送的内容可以很多、很丰富，如代金券、咖啡券、小礼物等。使用代金券、咖啡券的好处是，可以增加顾客二次消费的可能，既有助于巩固客户关系，也有助于提升客流量和人气，如店内消费满100元送30元代金券活动（可根据实际情况判定是给咖啡券还是代金券）。但是对于一个营运初期的店铺来说，各类券的使用应尽量让顾客感觉愉快，不要加入太多的限制（如只能使用一张、不能点某些产品等），仅需加入必要的限制即可（如不找零、有限期内使用、盖章有效等）。

（2）买就送

这个策略跟上面一条相似，但是又有区别，上面一条更多的是单纯的数字游戏，而这条更加直观地以具体的产品项目入手，如开心周六日、美式咖啡买一送一等，根据具体的活动内容，赠送的“一”可以设定为同样的美式咖啡，也可以是其他诸如小点心之类的东西。不同的赠送项目，得到的结果是截然不同的，例如，买一杯咖啡赠送一个小点心，这就组合成了一个单人消费的套餐，给顾客以实惠，有助于巩固客源；如果买一杯咖啡赠送一杯咖啡，则很可能促成两人同时消费，客流量增加了，如果我们及时推销其他小产品，反而能刺激营业额。

（3）几人同行一人免费

对于一家刚开业的咖啡馆来说，有效提升人气是营销目的的重中之重。如何让尽量多的顾客同时来消费呢？除了单纯的打折促销、特价促销外，还可以试试从客流量本身入手，那就是根据同时到咖啡馆的人数确定折扣或赠送的项目。例如，二人同行一人免费，或者三人同行一人免费，即如果两人或三人同时到咖啡馆消费，会将其中一人所点项目免费计算，当作是低价金额的点选项目。服务人员可以引导顾客尽量选同样价格的物品，这样有机会获得五折优惠！

（4）积点卡

积点卡，也有很多类似的变种，如积分卡、人气卡等。具体操作起来很简单，例如，每消费一杯咖啡就送 1 分，或者 1 点；积累 5 分或 5 点，即可换赠 1 杯。所谓的人气卡，则是每到咖啡馆消费 1 人次，即可登记 1 分；积累 10 分，即可换赠 1 杯。这种类型的卡片对于学生群体以及写字楼里的白领群体还是十分有效的。

（5）以餐带饮，以饮带餐

中国南北方顾客群消费习惯的差异较大。南方经济开放较早，消费意识较强。以咖啡系列为例，其在南方的餐饮消费比例为餐：饮 =4：6，广东、广西部分地区甚至可达到3：7，而长江两岸地区餐饮消费比例为餐：饮 =5：5，而到了黄河以北地区餐的比例则明显上升，即餐：饮 =6：4。众所周知，饮品成本较餐品成本要低得多，所以在咖啡馆内扩大饮品的消费力，可以拉升利润点，要知道，从单价来看饮品的价格，其并不比一份商务套餐低很多。

因此，合理地运用以餐品带动饮品消费或以饮品带动餐品消费的方式，在不同区域还是很有效的。例如，点 1 杯咖啡可赠送松饼 1 份，或者点 1 杯咖啡赠送蛋糕 1 份，或者点 1 壶咖啡赠送三明治 1 份，这就是典型的用食品“诱导”顾客的手段，而且两者前后的顺序颠倒过来是截然不同的效果。另外，点意大利面赠送 1 杯红茶或咖啡，或者点商务套餐加 5 元获赠美式咖啡 1 杯，则是典型的用饮品拉动餐品的方式。

当然，如果这种餐 + 饮的组合得当，还可以直接设计成套餐组合，适量加价或平价打包销售给顾客，这有助于提高顾客的单笔交易额，提升客单价。

（6）天天有特价

每周一美式咖啡特价，每周二拿铁咖啡特价，每周三摩卡咖啡特价等等，天天特价，天天惊喜。规律性的促销活动，可以形成顾客惯性消费的可能，当然还可以每周一款新产品或者特色产品，例如，星巴克就每周推出一款精选风味咖啡，每周设计不同的主题，引领顾客消费。如果这种天天特价的方式不理想，还可以直接效仿麦当劳、肯德基，直接把这些特价商品打印在宣传单上，让顾客凭小卡片低价换购。

当然，其他促销的方法还有很多种，如抽奖、特价餐等，都可以根据具体店铺的经营情况来变化使用。但是无论这些促销活动有多么精彩，都要记住这些只属于促销的范畴，仅起到了营销的部分效果。要想达到全面营销的效果，还应注意网络论坛、咖啡课程讲座、社区活动等的开展。

2. 互联网渠道促销手段

当今社会是互联网高速发展的社会，与传统促销渠道相比，开展咖啡馆促销活动时更应注重网络营销的力量。无论是在一线发达城市，还是在二、三线的普通城市，不可否认的是，咖啡馆的消费人群主要是城市精英消费群体。这种类型的城市精英消费群体，大致区间为 20 ~ 40 岁（具体区间可视咖啡馆自身商圈定位而定，如星巴克的消费群体的年龄区间为 25 ~ 38 岁）。这类消费群体有一个共同的消费特点，即都是网上一族。可以说，这类群体“可以一日无食，不可一日无网”。既然主力消费群来自网络，那么自然我们的营销活动也应加强在网络上的宣传力度。

（1）网站

既然咖啡馆相当部分的客源都来自网络，那么咖啡馆可以考虑建立自己的咖啡馆官方网站。这既可以全方位地介绍自家咖啡馆的产品、服务、品牌渊源，还可以通过网络的方式拉近咖啡馆与顾客群体的往来联系，加强在线交流，同时，网络平台也是咖啡馆对外交流的网络名片，能更好地与网络世界进行交流。

（2）论坛

网络论坛，既可以从属于咖啡馆官方网站，也可以单独存在，这是与顾客进行往来互动的更为直接的平台。当然，还可以创建 QQ 群或者微信群来建立咖啡馆与顾客交流的平台，当然也可以建立管理者与员工间的交流平台。

（3）博客

博客群体，是一个独特的群体，它有别于大众化的 QQ 群体，因为博客上的群体一般更为精英化。如果缺乏建设网站的专业知识和经验，不妨先从创建博客开始。博客的功能也很强大，不但可以上传文字，而且可以上传大量的图片，通过其在线留言功能还可获取更多的顾客反馈信息，博客可以说是咖啡馆网络宣传的最佳工具之一。同时，不同的门户网站开设的博客群体有很大的倾向性，例如，商务一些的是新浪博客，具有娱乐精神的是搜狐博客，天涯网站博客则极具网络人气，小资人文气息浓的是豆瓣博客，而有针对性开设的咖啡馆博客则是面向这些顾客群体的最佳通道。

（4）微博、微信

新兴的餐饮模式，必须懂得利用微博、微信营销。微博、微信可以说是当下最流行的网络沟通工具之一，通过微博、微信，人与人之间更加亲近，咖啡馆更容易找到想要找的人，同时也让更多想要找到咖啡馆的人达成心愿。赢取符合咖啡馆群体的“好友关注”，或者不断吸纳喜欢咖啡馆的“粉丝”，可以迅速提升咖啡馆的人气指数。

（5）团购

哪种网络工具对咖啡馆的影响更为直接？这就是“团购”。自2008年起，众多的团购网站如雨后春笋般“冒出来”。它们预先以低价从咖啡馆购买产品，适当加价后再通过团购网站销售给消费者的操作模式，深得一些咖啡馆经营管理者的喜爱。但是，网络团购也并非适合所有的咖啡馆，例如，如果咖啡馆刚开张，生意相对冷清，不妨做几次团购，帮补一下生意清淡的局面。但做团购时咖啡馆经营管理者也要清醒地知道，绝大多数顾客是“贪图便宜”才来你的咖啡馆的；不少顾客是从“四面八方”来到你的咖啡馆的，他们很可能不属于你的商圈势力范围。同时，如果团购操作不当，过多、过杂的“低质量”顾客群体还可能影响你原有的顾客群，更不会因为尝到了团购的甜头，而得了“团购依赖症”。

随着网络促销与网络营销的使用，通过网络渠道来咖啡馆消费的顾客将会越来越多，但咖啡馆经营管理者必须清楚，所有的网络促销与网络营销都建立在咖啡馆自身环境、产品、服务品质良好的基础上，因为在网络上“好事容易传千里”，同样“坏事也容易传千里”。

● 实训任务

实训任务一：根据咖啡馆市场的调查及分析结果，请设计出攻克目标市场的4P营销组合策略，完成下表。

咖啡馆目标市场：____________4P营销组合策略

产品与服务策略	
产品价格策略	

（续上表）

产品销售渠道策略	
产品促销策略	

实训任务二：用一段话概括4P营销组合策略。

概括：

项目三

咖啡馆物料管理

项目总述

咖啡馆物料采购就是根据咖啡馆产品和经营的需要，以理想的价格购得符合咖啡馆质量标准的咖啡馆物料，是咖啡馆业务经营活动的起点和前提，为咖啡馆产品制作和销售服务的顺利进行提供了物质基础。采购管理的目的是保证为咖啡馆提供适当数量的咖啡馆物料，保证每种物料的质量符合一定的使用规格和标准，并保证采购的价格和费用相对最为低廉，使咖啡馆原材料成本处于最理想的状态。

任务一　咖啡馆物料采购管理

● 课堂活动

一、课堂活动描述

咖啡馆市场调查的作用之一是让咖啡馆的经营管理者了解目标市场人群的消费需求，根据目标市场人群对产品与服务的要求，调整咖啡馆的产品与服务。咖啡馆营销组合是针对新的产品与服务，重新组合营销模式推广宣传，将新产品与服务销售给目标市场人群。但在进行这一系列活动前，咖啡馆还需要面对一个重要的问题，那就是物料采购问题，所以这节课我们来学习一些采购方面的知识。

二、课堂活动实施

步骤 1：根据以前学过的知识或者自己的经验，列出相关咖啡馆产品需要用到的物料。

步骤 2：请你思考一下咖啡馆物料的采购大概有多少种渠道。

步骤 3：根据产品的制作比例，你觉得一家咖啡馆采购物料的数量大概应为多少？

步骤 4：对以上三个问题做一次总结，向全班同学介绍你们分析的结果。

三、任务评价（评价计分表如下）

组别	姓名	列出咖啡馆物料（25 分）	采购渠道描述（25 分）	采购数量描述（25 分）	总结与汇报成果（25 分）	总分

● 理论加油站

一、咖啡馆物料采购的基本要求

咖啡馆物料具有品质易变、生产季节性强、价格涨落快等特点。为了做好采购工作，首先要把握采购的基本要求。

（一）品种对路

根据咖啡馆出品的饮品，购买相应的制作物料。并非所有的最高等级的原材料一定适合咖啡馆的饮品制作。咖啡馆必须按照采购清单和采购标准规格进行采购，克服随意购买的习惯，不能一味地大量采购自己认为价廉物美的物料，从而造成物料的积压浪费。品种对路的另一个方面，就是要求所购进的物料符合消费市场的需要。

（二）质量优良

购进物料的质量要好，这是一个相对的概念。物料品质的标准，应符合饮品标准对物料的要求，并非指市场上物料包装袋上的标定等级，如特级、一级等。

（三）价格合理

由于市场物料供应渠道的多元化，不同市场的相同产品价格悬殊，在保证质量的前提下，采购时要充分考虑价格因素，做到“货比三家”，或者通过减少供货环节、现金支付、自行运输、合理扩大采购量等方法降低采购成本。

（四）数量适当

对于一些非耐用物料，适量的储备是必要的，但必须考虑咖啡馆的使用周期、使用数量等基本条件。

（五）供货商最佳

在供货商的选择方面，应该考虑他们的地理位置、设备条件、财务状况及诚信情况。

（六）进货时间适当

咖啡馆经营的一个趋势是尽可能减少库存量及缩短物料在库时间。这样，为了保证原材料的不间断供应，对采购时间的要求就比较高。

（七）凭证齐全

凭证是物料验收的依据和物料来路的依据，必须齐全。

二、咖啡馆物料采购的数量控制

咖啡馆物料采购的数量控制是采购管理的重要环节。由于物料采购数量会直接影响到成本的构成和数额，关系到采购价格的高低和资金周转的快慢，因此咖啡馆经营管理人员应根据咖啡馆的经营策略，制定出合理的采购数量，使物料的供给既充足又无过多的剩余。

（一）影响咖啡馆物料采购数量的因素

1. 产品的预计销售量

当产品的预计销售量增加时，物料的采购量也应相应增加。

2. 饮品物料的特点

各种咖啡馆物料都有各自的特点，且储存期也各不相同。如果咖啡馆有鲜榨果汁等产品，那么由于新鲜水果的储存期比较短，应少量多次采购。而咖啡豆、香料等干货物料的储存期相对较长，冷冻保存的物料可储存数天至数周。

3. 储存条件

咖啡馆应按照各自的储存空间大小及设施条件计划采购量。

4. 市场供应情况

根据货源情况决定各种咖啡馆物料的采购量，如有的物料在大量上市时，不仅货源充足，容易购买，而且价格也低，可大批量进货。当某种原材料的价格呈上升趋势或市场供应不稳定（比如忽多忽少或长期缺货）时，可以增加采购量。

5. 采购点的距离远近

如果采购点远，可以增加批量，减少批次，以节约运费，防止物料断档；如采购点近，则减少批量，增加批次。

6. 供货商的政策

有时，供货商会规定最少订货量、最低送货起点、整包销售等政策。

（二）不同物料的采购数量控制

各类物料的采购数量取决于物料的使用生命期和日需要量。对采购管理来说，咖啡馆物料可分为易坏性物料和非易坏性物料。对这两类物料的采购数量应分别探讨。

1. 易坏性物料的采购数量

易坏性物料一般为鲜活货，这类物料必须遵循先消耗再进货的原则，因此，要确定某种原材料的当次采购量，必须先掌握该原材料的现有库存量，并根据营业预测，计算出下一营业周期所需要的原材料数量，然后计算出应采购的数量。这类物料的采购频率较高，一般需每日采购。在实际操作中，可以选用以下方法：

（1）日常采购法

日常采购法适用于采购消耗量变化大、有效保存期较短因而必须经常采购的鲜活原材料。每次采购的数量用公式表示为：

$$物料需购量 = 应备量 - 现存量$$

应备量指在进货间隔期内对某种原材料的需要量。它要根据客情预测，由吧台长决定。在确定该数字时，还要综合考虑特殊咖啡馆活动、节假日客源变化、天气情况等加以适当调整。

现存量是指某种原材料的库存数量，它可以通过实地盘存加以确定。这就要求吧台人员每日检查库存的余量。在对每日库存量进行检查时，可采用实物清点与观察估计相结合的方法。对价值高的物料要清点实际存量，对价值低的物料只要估计大约数即可。为了方便采购，咖啡馆应将每日要采购的鲜活类物料编制成采购清单。采购清单上要列出物料的名称和规格、应备量、现存量、需采购量等，同时还要加上供货商的报价、物料的实际采购量和实际价格。

物料采购清单的使用，可减少店长或吧台长采购的工作量，他们不需要每日填写需采购物料的品名，同时还能帮助控制采购数量和采购价格。物料采购清单和标准采购规格联用，能使采购数量、质量和价格标准化，能在一定程度上限制供货商与负责采购人员相互勾连的舞弊行为。采购清单上要留一些空格，以填写需采购的特殊物料、物料的实际采购数量和实际价格，以便与采购标准作比较，以利于进行控制。

（2）长期订货法

在鲜活类物料中，某些品种的物料，如面包、奶制品、常用水果和常用饮料等，其本身价值不太高，但每日的消耗量大，所需数量也较稳定，没有必要每天填写采购单，因而咖啡馆往往采用长期订货法。长期订货法一般可采用两种形式：其一是咖啡馆与某一供货商签订合约，由供货商以固定的价格每天或每隔数天向咖啡馆供应规定数量的某种或某几种物料，直到咖啡馆或供货商感到有必要改变已有供应合约时再重新协商；其二是要求供货商每天或每隔数天把咖啡馆的某种或某几种原材料补充到一定数量，咖啡馆对有关物料逐一确定最高储备量，由咖啡馆或供货商盘点进货日的现存量，以最高储备量减去现存量得出当日需购数量。

长期订货法还可用于价值低、耗量大、占地面积大、需天天补充的其他物料和用品，如餐巾纸、牛奶等。这些物品如大量储存，会占用很大的仓库面积，不如由供货商定期送货来得更有效率。

2. 非易坏性物料的采购数量

非易坏性物料既包括干货物料，如咖啡豆、香料、调味品等，又包括可冷冻储存的物料，如各种肉类、面粉等物料。非易坏性物料不易迅速变质，为减少工作量可一次采购较大数量储存起来。

确定非易坏性物料的采购数量一般有两种方法：定期采购法和订货点采购法。

（1）定期采购法

定期采购法是一种采购周期固定不变，即采购间隔时间（一周、一旬、半月或一月等）不变，但每次采购数量任意的一种方法。咖啡馆可根据库房的储存面积、物料的可用性和流动资金的多少来确定同类物料（或向同一供货商）的采购间隔天数，再根据各项物料的预计日需要量算出各项物料的标准储存量。物料的标准储存量也是物料的最高储量，它主要根据物料的平均日需要量以及计划采购的间隔天数，再加上一定的保险储存量而定。其计算公式为：

$$标准储存量=日需要量\times定期采购间隔天数+保险储存量$$

日需要量是指该物料平均每日的消耗量，一般根据以往的经验数据得出。保险储存量的多少视原材料的供应情况而定，一般咖啡馆把保险储存量定为定购期内需用量的50%。

在确定标准储存量时还要考虑用于库存物料的流动资金的多少、市场物料供应的充足程度、采购运输的方便程度等因素。

每到某种物料的订货日，咖啡馆应对该物料的库存进行盘点，掌握原材料的存量与标准储存量的差额，计算出本次采购的数量，其计算公式为：

物料需购量 = 标准储存量 − 现存量 + 日需要量 × 发货天数

定期采购法的优越性体现在同类物料或同一供货商供应的物料可定期在同一天采购，这样能减少采购次数和人工时。同时每项物料确定标准储存量后，物料不会过量储存，采购数量容易决策，还可减少采购工作量，使咖啡馆能将更多的精力用于采购易坏性物料上。但这一方法也有缺点，有时，某些物料的实际用量大大超过预计数，采用定期采购法不易发现物料短缺。为避免这种缺陷，应配合使用第二种方法，即订货点采购法。

（2）订货点采购法

订货点采购法是通过查阅库存卡上物料的结存量，对达到或接近订货点储量的物料进行采购的方法。当某种物料经过使用后，其数量降至需要采购的数量，但又能够维持至新的物料到来的时候，此时的数量，我们就称为某种物料的订货点储量，也叫最低储存量。其数量是物料发货期间消耗的数量和保险储存量之和：

订货点储量 = 日需要量 × 发货天数 + 保险储存量

采用订货点采购法，物料的采购数量比较稳定。物料的采购数量由以物料标准储存量减订货点储量再加物料发货期的消耗量而得：

物料采购量 = 标准储存量 − 订货点储量 + 日需要量 × 发货天数

使用订货点采购法要求在库房中对每种物料建立库存卡。物料收到后必须在卡片上登记正确的数量、单价和金额。发出的物料也要随时登记。库房中还需要有一套检查制度，检查哪些物料已经达到或接近订货点储量，对这些已经达到订货点储量的物料发出采购通知并确定采购数量。

订货点采购法的优点是由于建立了物料库存卡制度和检查制度，物料不足时能及时检查和反映出来并及时采购。由于每项物料都有标准储存量，所以也不会多采购。因而这项制度能有效地防止物料储存量不足或过量储存的情况。由于物料库存卡上规定了每种货物的标准储存量和订货点储量，并且记录了物料的结存量，因此在确定采购日期和采购数量时不必逐项检查物料的实际库存量，只要翻阅库存卡即可，这样能够节省人工时，同时以这种方法采购，采购数量比较稳定，不需要每次决策，采购管理较方便。但是该方法需要对物料进行不定期的采购，采购和运输的工作量比较大，而且库存卡上要正确登记库存的进货和发货量，卡片登记工作也比较费时。

所以，许多大型的咖啡馆结合上述两种方法使用。他们一方面为各项库存的物料建立库存卡，另一方面又对各类物料规定定期采购的日期。对一般的库存物料，他们定期进行采购，同时经常查阅登记卡，随时注意对达到订货点储量的物料发出采购通知。采购前不用清点实物的结存量，这样既节省了采购和库存的清点时间，又能使库存物料及时得到补足和有效的控制。

三、咖啡馆物料采购的价格控制

物料采购价格的高低直接影响咖啡馆物料的进价成本。咖啡馆物料的价格受多种因素影响，如市场供应情况、采购数量、原材料质量、供应渠道、供货商的垄断程度、季节、消费趋势等，许多品种的原材料在不同时间段内价格差异很大。在菜单确定的情况下，咖啡馆的营业利润更多地取决于原材料的采购成本。因此，在咖啡馆中要采用多种手段来实施采购价格的控制。

（一）价格控制的原则

1. 价格最低原则

咖啡馆物料的采购价格是由供求双方决定的。定价程序一般为：供货商报价→咖啡馆参考回价→定价。每种物料至少应取得三个供货商的报价，然后选择最低价。为此，咖啡馆必须在定价前调查市场行情，定价时，将供货商的报价情况、市场的价格信息及其他有关信息加以综合考虑，定出一个通常为供货商所能接受的价格，一般是几个供货商中的最低价格或低于最低价的价格。

有时咖啡馆为减少采购次数，采取对同类物料向同一供货商定期采购的方法，不仅节省人力，而且能得到长期优惠。咖啡馆在得到各供货商对各种物料的报价后，不一定完全取最低价格，而是对照各供货商各种物料的报价，并考虑与各供货商的长远关系等因素，选择多数物料价格最低的供货商，与该供货商协商，使所采购物料的价格多数为最低。

2. 质量适度原则

在进行原材料定价时，应充分考虑物料质量，只有在保证质量的前提下选择最低价才是有意义的，否则低价劣质的物料会严重影响咖啡馆的服务质量和声誉。

3. 供货商信誉原则

咖啡馆应努力选择信誉优良的供货商，包括供货商提供的物料的价格、质量，供应商的供货能力、财务状况和相关设施等。

（二）价格控制的途径

1. 规定采购价格

在调查了解市场行情的前提下，咖啡馆对某些饮品物料提出购货限价，规定在一定的幅度范围内进行市场采购。限价品种一般是采购周期短的物料，而且限价是有一定期限的，往往一周或十天后要根据市场价格的波动情况作出修正。

2. 集中批量订货

采用集中批量订货的方式，可以较低的批发价获得批量物料。批量订货的物料，应是一些不易变质的物料，否则会因储存成本的上升或物料受损变质等因素导致咖啡馆经营成本的上升。

3. 减少供应环节

对日常使用量大的原材料，咖啡馆应绕开不必要的供应环节，可能的话，最好直接到物料的产地进行采购，这样价格能得到优惠，且物料的新鲜度能得到充分保证。

4. 适时采购

市场上有些物料价格变动较大，通常应时物料刚上市时价格较高，随着上市量的增多，价格回落。当应时物料刚上市价格较高时，可按营业需要适量采购。当物料上市量增多价格回落时，如果能够确切掌握市场供求和价格信息，咖啡馆应根据经营需要和可能条件，适量批量采购，以备价格回升时使用。

5. 规定供货单位和供货渠道

为了有效地控制采购的价格，保证物料的质量，咖啡馆可指定员工在规定的供货商处采购，以稳定供货渠道。这种定向采购一般在价格合理和保证质量的前提下进行。在定向采购时，供需双方要预先签订合约，以保障供货价格的稳定。

● 实训任务

实训任务一：确定一家咖啡馆，根据咖啡馆的餐牌内容，写出制作这些饮品所用到的物料。

产品物料构成表

产品名称	物料					
卡布奇诺	1. 意式咖啡豆	2. 牛奶				

实训任务二：根据以上制作饮品的物料的内容，对需要采购的物料按照采购的周期进行分类，完成下表。

所需采购物料采购周期分类表

物料名称	随机采购类	短周期采购类（1～3 天）	长周期采购类（10 天）
意式咖啡豆			√

任务二 咖啡馆物料验收管理

● 课堂活动

一、课堂活动描述

对咖啡馆物料的种类、数量及价格等相关内容确定之后，咖啡馆经营管理者就要通过一定的渠道采购物料，将物料采购回来后，就到了物料验收这一步。所以我们这节课的课堂活动就是引导大家学习咖啡馆物料验收管理的知识。

二、课堂活动实施

步骤1：请思考一下，你觉得咖啡馆物料的验收应该注意哪些问题。

步骤2：针对咖啡馆物料验收应该注意的问题，提出预防或杜绝的管理方法。

步骤3：你觉得在物料验收制度及流程管理上，咖啡馆经营管理者应该怎么做？

步骤 4：对以上三个问题做一次总结，向全班同学介绍你们分析的结果。

三、任务评价 （评价计分表如下）

组别	姓名	验收注意问题描述（25 分）	处理方法描述（25 分）	验收制度及流程管理描述（25 分）	总结与汇报成果（25 分）	总分

● 理论加油站

验收在咖啡馆经营管理和成本控制流程中处于重要地位。如果只对物料的采购进行控制，而忽视验收这一环节，对采购的各种控制往往会前功尽弃。完善的验收虽不足以保证经营成功，但经营有问题的咖啡馆大多有验收不完善的问题。采购物料的数量、质量、价格是否符合咖啡馆经营的要求，都必须依靠验收管理加以检验。

咖啡馆物料的验收是指根据咖啡馆制定的物料验收程序和物料质量标准，检验供应商发送的物料的质量、数量、单价和总额，将检验合格的各种物料送到储存位置，并记录检验结果的过程。

一、建立完善的验收制度

建立完善的验收制度是咖啡馆从运作机制和管理体系方面保证验收工作顺利进行的基础，是做好验收管理的基本条件。

（一）明确验收负责人

咖啡馆的物料验收工作，通常由店长或吧台长负责，因为店长或吧台长对咖啡馆的产品及物料、物资较为熟悉。作为咖啡馆验收负责人，必须聪明、诚实，开展验收工作仔细认真，物料知识丰富，在验收之时，应重点对订货单进行数量盘点和质量检验。

（二）选定验收场地

咖啡馆一般不设定验收处或验收办公室。验收场地一般在咖啡馆的边门或后门，或者适宜的靠近储藏室且货物进出较方便的地方。这样便于货物的搬运，缩短货物搬运的距离，也可减少工作的失误。此外，要有足够的空地便于卸货。

（三）规定科学的验收程序和养成良好的验收习惯

物料验收程序规定了验收工作的职责和方法，使验收工作规范化。同时，按照程序进行验收，养成良好的习惯，是验收高效率的保证。

（四）做好预防物料损失工作

在验收环节中，要防止物料的损失，应从制度上做到以下几点：

①指定专人负责验收工作，不能谁有空谁验收。

②验收工作和采购工作分别由专人负责。

③如果验收员兼管其他工作，应尽可能将交货时间安排在验收员比较空闲的时候。

④货物应运送到指定验收区域。

⑤验收之后，尽快将货物送入储藏室，防止食品变质和损失。

⑥不允许促销员、送货员等进入储藏室或食品生产区域。

⑦在验收工作开始后，验收员应始终在现场，不宜半途离开。

二、制定科学的验收控制程序

（一）核对订购单和发货票

当供应商送来物料时，咖啡馆应将供货单位的送货发票与事先拿到的订购单进行核对，首先核实送货发票上供货单位的名称与地址是否正确，避免错收或接收本咖啡馆未订购的货物。其次核对送货发票上的价格。若发票上的价格高于订购单上的价格，要询问送货员提价的原因，并将情况反映给相关负责人，无论退货还是不予退货，都要由相关负责人在货物验收单上签字，表示负责。若供货单位送货时的价格低于订购单上的价格，咖啡馆应认真检查物料的质量。若质量合格，应在验收单上签名，按此价格接收这批物料；若质量不合格，则应拒收。

（二）检查物料质量

检查物料质量的依据是物料标准采购规格、请购单和订购单。因为在这些表中均有对所采购物料质量要求的描述。一套完整的采购规格表应贴在墙上或较大的指示牌上，以便到货时核对参考。若发现质量问题，如物料腐烂、变色、气味怪异，袋装食品超过有效期，水果有明显伤痕等，应当立即退货。

（三）检查物料数量

咖啡馆根据订购单对照送货单，通过点数或者称重等方法，对所有到货物料的数量进行核对。检查核对数量时应注意下列事项：

①若有外包装，先拆掉外包装再称重。

②对于使用密封的箱或其他容器包装的物品，应打开一只作抽样检查，查看里面的物品数量与重量是否与容器上标明的一致，然后再计算总箱数。但对高规格的物料仍需全部打开逐箱点数。

③对于未密封的箱装物料，仍应按箱仔细点数或称重。

④检查单位重量。除了称到货物料的重量外，还应抽查单位重量，检查单位重量是否在验收规格规定的范围之内。

（四）在送货发票上签名

所有送货都应有送货发票。送货员呈给咖啡馆的送货发票有两联，送货员要求咖啡馆在送货发票上签名，并将第二联退还给送货员以示购货单位收到了货物。第一联交给咖啡馆作为付款凭证。发票上面应该有价格，咖啡馆要检查发票上的价格，以避免产生错误。

（五）填写验收单

咖啡馆确定所验收的这批物料的数量、质量、价格全部符合订购单或物料采购规格书后，可填写验收单。验收相关人员在货物验收单上填写供货单位名称、货品名称及规格、单位、数量、单价及合计金额与总计项目等内容后，应在验收单上签名，明确责任。

（六）在货物包装上注明货物信息

在包装上注明收货日期，有助于判断存货流转方法是否有效；标明单价、重量等，以便存货计价时不必再查验收时的报表或发货票。

（七）将物料货物送到储藏室

收到的物料一部分被直接送到吧台，称作“直接采购物料”；另一部分被送到储藏室，称作“库房采购物料”。出于质量和安全方面的原因，咖啡馆应负责把货物送到储藏室。为了便于进行食品成本核算，咖啡馆验收人员应该在发票上明显的地方逐项注明哪些是直接送到了吧台，哪些是送储藏室，或者根据不同的送货地点，使用不同颜色的发票，以方便送货，并凭此编制验收日报表。

（八）填写验收日报表

物料验收完毕之后，大多数咖啡馆都会完成一张列明所有售货项目的表格，即验收日报表。验收日报表记载着咖啡馆每日所进的产品物料，它不仅要记载物料的品名、规格、单价和金额，并且要注上这些物料的去向——哪些“直接采购物料”送到了吧台，哪些“库房采购物料”进入了储藏室。

科学验收程序的制定，可以保证咖啡馆收到的货物是已订购的数量、已达到标准的质量和已报过的价格。不论是对大型咖啡馆来说，还是对小型咖啡馆来讲，这些步骤都是最基本的，也是通用的。控制体系越完备，越需要多的人力和设备，这会增加一定的成本，但也会防止在验收过程中出现数量、质量和价格等方面的问题而引起成本过高。

● 实训任务

实训任务一：根据上节课的“物料采购周期表”，模拟采购属于长期采购周期类的物料，并填写咖啡馆物料采购申请单。

咖啡馆模拟采购申请单

序号	物料名称	规格型号	数量	单价	总价	供应商	备注

申请人：　　　　咖啡馆负责人：　　　　申请采购时间：

实训任务二：根据上面的咖啡馆模拟采购申请单的内容，检查完物料之后，完成下面的咖啡馆模拟验收单。

咖啡馆模拟验收单

验收单位：　　　　验收人：　　　电话：　　　　　验收日期：　　　年　月　日　　编号：

序号	物品名称	规格型号	数量	单价	总价	验收单位整体验收意见 合格打"√"，不合格打"×"
供应商					供应日期	年　月　日

任务二 咖啡馆物料储存管理

● 课堂活动

一、课堂活动描述

对咖啡馆物料完成验收管理之后，我们接下来的管理工作就是要考虑对物料、物资的储存管理。所以我们这节课的课堂活动就是提出问题让大家对咖啡馆物料、物资等的储存管理进行思考，从而对物料、物资等的储存管理的相关知识有一定的了解。

二、课堂活动实施

步骤 1：请思考一下，你觉得咖啡馆在储存物料、物资时应该注意哪些问题。

步骤 2：在咖啡馆物料、物资储存应该注意的问题中，应该提出怎样的管理方法预防或杜绝？

步骤 3：你觉得对物料、物资进行管理时，作为咖啡馆的经营管理者在制度上应该怎么做？

步骤 4：对以上三个问题做一次总结，向全班同学介绍你们分析的结果。

三、任务评价 （评价计分表如下）

组别	姓名	储存注意问题描述（25 分）	处理方法描述（25 分）	储存制度及流程管理描述（25 分）	总结与汇报成果（25 分）	总分

● 理论加油站

一、物料储存管理制度

为保证物料储藏、保管安全，认真贯彻食品卫生法，物料储藏室管理必须坚持以下五项基本制度：

1. 四禁制度

禁止无关人员入储藏室，禁止为个人存放物品，禁止在储藏室饮酒，禁止携带危险物品进入储藏室。

2. 四不制度

不购腐败变质的物料，不收腐败变质的物料，不用腐败变质的物料制作食品，不售变质变味的产品。

3. 三隔离制度

在物料保管、储存过程中坚持生、熟隔离，成品和半成品隔离，食物和杂物隔离，从而预防食物污染和食物中毒。

4. 三先一不原则

在物料出库管理中坚持先进先出，易腐易变的先出，有效期短的先出，腐败变质的不出，及时报损处理。

5. 三防制度

认真做好防火、防盗、防毒工作。一切进库人员不得携带火种、背包、手提袋等进入仓库；库房周围不得生火，也不准堆放易燃、易爆物品；库房每月要检查防火、防盗、防毒等设施，每天定期检查，以确保库房安全。

二、物料储存管理方法

1. 做好入库验收工作

严格按照物料验收程序，填写入库验收单。

2. 采用货品库存卡制度

为方便对物料的保管、盘存、补充，有必要为库房中储存的每种货品建立库存卡。货品库存卡制度要求对每种货品的入库和发料正确地做好数量、金额的记录，记载各种货品的结存量。货品库存卡的内容主要分为五部分：

（1）货物进货信息

货品库存卡上有货品进货的日期、数量、单价和金额以及账单号。这种信息可保证库房采购物资经验收后能及时入库和入账，防止丢失。一旦出现问题可通过账单号查找。

（2）货物发货信息

货品库存卡上登记有发料的数量、单价和金额。每发出一笔物料都要有发货日期以及相对应的领料单号。这样库房的货物都可以根据领料单查找到去向。

（3）结存量信息

货品库存卡上记载着货品结存的数量、单价和金额。用库存卡上的结存数量核对实物数，便于控制货品的短缺。

（4）采购信息

货品库存卡上有各货品的标准储量、订货点储量、订货量和订货日。一般货品在规定的订货日定期采购，采购员根据库存卡上的结存数量将货物补充到标准储量。如果在规定的采购日以前货物已减少到订货点储量，则可根据库存卡上的订货量采购。这种信息为采购管理提供了方便。

（5）货品位置信息

货品库存卡标明货品的货架号和货位号，二者结合就是该货品的货号。这些号码标明货品储存的位置。这样能方便库存管理员寻找货品和盘点库存物料。

3. 使用货品标牌

货品标牌是挂贴在储存货品上的一种库房管理工具。货品标牌提供货品名称、进货日期、货品数量或重量、货品的单价和金额。这些信息由验收员在货品入库时填写。

货品标牌的主要作用：

①有利于迅速进行存货清点，简化货品清点的手续。管理员只需要将货品标牌上物料的重量、数量、单价、金额转抄到存货清点单上，而不必将货品逐一点数称重。

②有利于按“先进先出”原则使用货品，货品标牌上的进货日期明确表明了哪一批物料为先发料，可降低储存物资的损坏率。

③简化发料计价手续。为计算成本和库存金额，在发料时需要统计发出物料的单价和金额。有了货品标牌，管理员就可直接采用标牌上的单价和金额，而不必再查找货物的进价。特别是同样的物料在不同时间进货价格往往不同，采用标牌上的价格既省时又较精确。

4. 库房管理专人负责

库房管理最好指定专人负责，其职责是负责库房食品物料的入库验收、储藏保管、出库发货、库房盘点、报表送达和安全卫生等各项日常管理工作。

三、库存盘点控制

（一）库存盘点

1. 库存盘点的意义

咖啡馆物料流动性大，为了及时掌握物料库存流动变化的情况，就必须对库存物料进行盘点。库存盘点能全面清点库房和吧台的库存物资，检查物料的实际存货额是否与账面额相符，以便控制库存物资的短缺。通过盘点，可以使管理人员掌握物料的使用情况，分析物料管理过程中各环节的现状；计算和核实每月月末的库存额和咖啡馆成本消耗额，为编制每月的资金平衡表和经营情况表提供依据。

2. 库存盘点的时间

一般而言，咖啡馆每月末或每周都要对咖啡馆物料进行例行的库存盘点，统计库存的价值。除此之外，在遇到以下情况时也应进行库存盘点：新开咖啡馆营业前；关、停、并、转咖啡馆的结算时期；库管管理人员更换交接之际；咖啡馆定期或不定期检查时。

3. 库存盘点的内容和程序

库存盘点作为库存控制的一种手段，必须由咖啡馆责任人与库房相关管理人员一起进行。在盘点时，要对每一种库存物料进行实地点数。具体程序如下：

（1）制作存货清单

根据库房的不同类别，按照物料编号的大小，在清单上填好货号、品名、单位、单价等基本数据。

（2）库存卡结算

在库存卡的结存栏内，根据历次进货和发货的数量，计算出应有的结存量和库存金额。

（3）库存实物盘点

即实地点数，并将实物数量填入盘点清单。为加快盘点速度，可以由一名员工清点货架上物料的数量，另一名核对货品库存卡并将实际库存数量填写在存货清单上。货品库存卡和存货清单上的物料编排次序应与物料的实际存放次序一致，这样盘点既迅速又不会有遗漏。

（4）核对

将库存卡结算结果与库存实物结果进行核对。

（5）计算盘点清单上的库存品价值

该价值为实际库存金额，它如与账面库存金额有出入，要复查并查明原因。

盘点完毕，以实际库存金额记账代替账面数字计算出各种物料的价值和库存物料金额，作为月末物料库存额。月末库存额自然转结成下月初的库存额。

（二）库存物料的计价方法

要计算库存物料的价值，必须确定库存物料的计价方法。理论上讲，某种物料的库存总值应该等于实物数量乘以物料的单价。但是，由于同种物料在不同时间的购进价格往往是不同的，因此，在核算库存额时，应首先确定物料在不同时间的单价。在财务处理中，根据实际情况采用不同的方法确定物料的库存价值，常采用的方法有：

1. 实际进价法

如果咖啡馆在库存的物料上粘贴或挂上货物标牌，标牌上写有进货的单价，那么采用实际进价法计算库存物料的价值就较为简单和合理。

2. 先进先出法

如果不采用货物标牌注明价格，可按照货品库存卡上进料日期的先后，采用先进先出法。这种方法的思路是：物料发放以先进先出为原则，即先购进的货物，在发料时先计价发出，而剩余的物料都是最近进货的，以最近价格计算。

3. 后进先出法

一般而言，市场物价呈上升趋势，采用后进先出法可使计入成本的物料价格较高，而计入库存的价值较低，企业可以在未来的经营中减少压力。

后进先出法只是物料价值计算的一种财务处理方法，在实际发料过程中，还是应坚持物料实物的先进先出，以避免物料的积压。

4. 最后进价法

如果咖啡馆进货记录不全，没有使用货物标牌和货品库存卡，可采用最后进价法来估计物料的库存价值。最后进价法是一律以最后一次进货的价格来计算库存的价值，这种方法最简单，但计算的月末库存额不太精确，往往会偏高或偏低。

5. 平均价格法

平均价格法是将全月可动用物料的总价值除以总数量计算出单价的方法。如果咖啡馆储存的物料数量较大，且市场价格波动也大，可采用平均价格法。平均价格法需要计算可动用物料的全部价值和平均价格，比较费时，所以应用不广泛。

用上述五种方法计价，会使月末库存额的价值不一。咖啡馆要根据财务制度和库存管理制度确定一种计价方法，并统一按该计价法计算，不得随意变动。

（三）吧台库存物品价值的计算

每日验收处向吧台直接发送的物料以及库房向吧台发出的物料，不可能一天之内全部消耗完。吧台中总有一些物料、半成品和成品的储存。如果对这些库存物品不加清点，会使吧台储存的物资失控，还会使财务报表上反映的资产状况、经营情况和成本消耗情况失真。

由于吧台一般不采用库存记录统计制度，没有库存卡，物料的单价难以掌握，而且这些物料品种多、数量少、耗用频繁，客观上盘点计算比较困难，因此，对这些物料价值的计算方法有别于库房物料。

吧台盘点计算物料价值的原则是：对主要物料进行盘点核算，对辅料、调料等单位价值较低的物料进行估算。

具体方法是计算出需精确盘点的主要物料和价值小的物料的价值，计算出准备重点盘点的主要物料的价值占全部物料价值（总库存额）的百分比，以后每个月末只要盘点主要物料的价值，就能通过它们的价值计算出吧台全部物料库存额的估计值：

吧台总库存额 = 主要物料价值 ÷ 主要物料占总库存额的百分比

● 实训任务

根据咖啡馆模拟验收单，填写模拟入库单。

咖啡馆模拟入库单

序号	物品名称	规格型号	数量	单位	单价	入库时间	经手人

项目四

咖啡馆人力资源管理

项目总述

在饭店管理中有这样一句名言：“没有满意的员工，就没有满意的顾客；没有令员工满意的工作环境，就没有令顾客满意的享受环境。”同样的道理在咖啡馆管理中也是适用的，虽然咖啡馆业不是劳动密集型产业，但咖啡馆之间的竞争实质上也是人才的竞争。咖啡馆的人力资源管理工作是咖啡馆正常运转、具有高质量服务、能获得良好经济效益的重要保证。所以，做好咖啡馆人力资源管理工作是咖啡馆经营管理的重要内容。

任务一　咖啡馆人力资源管理概述

● 课堂活动

一、课堂活动描述

对于咖啡馆而言，无论是产品的开发还是服务的改善，归根到底始终是人起决定性作用。因此，搞好咖啡馆的员工管理对提高咖啡馆的产品与服务质量、提高劳动效率、降低人力资源费用具有十分重要的意义。所以，我们这节课希望通过活动形式，让大家掌握咖啡馆人力资源管理的内涵、主要任务以及主要内容。

二、课堂活动实施

步骤 1：请说说你对咖啡馆人力资源管理的重要性是如何看待的。

步骤 2：咖啡馆人力资源管理的主要内容与任务，应该有哪些？

步骤 3：如果你是一家咖啡馆的经营管理者，你认为咖啡馆需要什么样的员工？

步骤 4：对以上三个问题做一次总结，向全班同学介绍你们分析的结果。

三、任务评价 （评价计分表如下）

组别	姓名	人力资源管理重要性描述（25 分）	人力资源管理内容与任务描述（25 分）	咖啡馆员工能力描述（25 分）	总结与汇报成果（25 分）	总分

● 理论加油站

一、咖啡馆人力资源管理的概念与内涵

咖啡馆人力资源管理，就是运用科学的管理方法，根据咖啡行业的要求，对咖啡馆的人力资源进行有效的挖掘、利用和管理，使其得到最优化的组合并最大限度地发挥其积极性，不断提高咖啡馆的经济效益和社会效益。

咖啡馆人力资源管理包括以下几方面的含义：

第一，咖啡馆人力资源管理是科学化管理。咖啡馆人力资源管理必须建立一整套标准化、程序化、制度化和定量化的管理系统。标准化是指录用员工要有素质条件标准，岗位培训要有达标条件，服务工作要有质量标准等。程序化是指管理工作要有序。制度化是指人力资源管理工作要有严密的规章制度，以保障各个工作事项的顺利进行。定量化是指员工要有合理的定员与定额，考核系统要有科学的数量依据等。

第二，咖啡馆人力资源管理是全员性管理。这是指人力资源管理不仅是人事

管理部门的工作，也是咖啡馆各部门管理人员的职责，还涉及广大员工的自我认识和自我管理。

第三，咖啡馆人力资源管理是动态管理。动态管理不仅要对咖啡馆员工的录用、培训、奖励、晋升或退职等全过程进行管理，更要在员工工作过程中，重视员工的心理需求，了解员工的思想动态，并采取相应措施调动员工工作的积极性，使全体员工发挥出最大效能。

二、咖啡馆人力资源管理的任务

1. 造就一支优秀的员工队伍

咖啡馆要正常运转并取得良好的经济效益和社会效益，不仅要有与咖啡馆各个工作岗位相适应的员工人数，而且这些员工的素质要符合咖啡馆业务经营的需要。任何一家咖啡馆想要在竞争中取胜，就必须重视造就一支优秀的员工队伍。而造就优秀的员工队伍必须通过一系列专门的人力资源管理工作，并经过一定时间的实践。首先，要根据咖啡馆经营发展的要求，广开才路，招纳贤才。其次，要加强对员工队伍的培训，不仅要提高其业务素质，也要提高其政治思想素质，强化服务观念，使员工在数量和质量上满足咖啡馆经营发展的需要。再次，要通过科学的管理和有效的激励方式，激发咖啡馆员工的主动性和创造性，使员工热爱咖啡馆，热爱本职工作，各尽所能地发挥出最大的效用，最终形成一支高素质的优秀员工队伍。

2. 使员工队伍得到优化组合

一支优秀的员工队伍，必须经过科学合理的配置，才能形成最佳的人员组合。因此，在咖啡馆经营服务和管理活动中，要做到岗位明确、职责分明、权责对等、各尽所能，使员工都能够人尽其才、才尽其用，发挥最大的工作效能，进而形成一个精干、有序、高效的劳动组织。

3. 建立一套科学的咖啡馆人力资源管理和利用体系，充分调动员工积极性

要真正达到咖啡馆人力资源管理和利用的目的，必须有一套科学、合理的人才开发和利用体系，形成人才辈出的优化机制。首先，要建立一套招聘员工的科学的程序和方法，为咖啡馆挑选一批事业心强、有培养前途的员工。其次，建立一套科学的培训制度和方法，有效提高咖啡馆员工的素质和能力。再次，进行科学的定岗定员制度，优化结构，发挥最佳的群体效应。最后，通过科学的管理和激励方法，创造一个良好的人事环境，使员工安心工作，乐于工作，进取向上，最大限度地发挥员工的积极性和创造性。

三、咖啡馆人力资源管理的内容

1. 制订咖啡馆的人力资源计划

根据咖啡馆的经营管理目标和组织结构需要，对各项工作的性质、岗位职责及素质要求进行分析，确定咖啡馆员工的需求量和需求标准，做好咖啡馆人力资源数量和质量的预测。

2. 招聘录用所需员工

按照咖啡馆人力资源计划，在咖啡馆内外招聘所需员工。招聘录用员工应按照科学的标准，以达到人与岗位的最佳组合。

3. 对员工进行教育培训

为使员工胜任本职工作，快速适应工作环境的变化，必须不断地对员工进行培训。由于员工所担任工作的层次不同，所采取的培训方式和内容也不一样。对在操作层工作的一般服务员应进行职业培训，即注重工作技能的培训。对担任管理工作的员工应进行发展培训，即注重分析问题和解决问题等管理能力方面的培养。培训方式有店内培训、外出进修、考察等。

4. 建立一套完整的考核体系和奖惩制度

考核奖惩既是对员工成绩、贡献进行评估的方法，又是对咖啡馆人力资源管理效能的反馈。定期对员工的工作成绩作出正确的考核和评估，是对员工进行提升、调职、培训和奖励的依据。

5. 建立良好的薪酬福利制度

薪酬对员工基本生活需要的满足至关重要，劳动保险和福利待遇对员工工作积极性的发挥也具有重要的刺激作用。因此，咖啡馆可根据自身的情况选用适当的工资形式，实行合理的奖励和津贴制度。

6. 培养高素质的管理人员，对员工进行有效激励

咖啡馆经营管理人员素质和工作能力的高低对员工工作积极性的调动及咖啡馆经营管理活动的正常运转具有重要影响。咖啡馆管理人员必须掌握有效的领导方式和激励、沟通技巧，培养企业文化，增强员工的凝聚力，调动员工工作积极性，以提高企业的经济效益。

7. 建立员工人事档案

建立员工人事档案，进行人事档案管理是咖啡馆人力资源管理部门的工作职责之一。主要包括员工入馆时的简历以及入馆后的工作成绩、工作表现、工资报酬、职务升降、奖惩情况、接受培训和教育等方面的书面记录材料。

四、咖啡馆人力资源管理的基础工作

（一）工作分析

工作分析又称职务分析，是指通过观察和研究，掌握职务的固有性质和组织内职务之间的相互关系，从而确定该职务的工作任务和性质，以及工作人员在履行该职务时应具有的技术、知识、能力和责任的活动。简单而言，工作分析就是确定该项职务的成分和胜任该职务的条件。

1. 工作分析的内容

工作主体（Who）、工作内容（What）、工作时间（When）、工作环境（Where）、工作方式（How）、工作原因（Why）、工作关系（for Whom）七要素构成了工作分析的主要内容。

（1）工作主体

明确工作者需要何种技能，以此作为人员筛选、任用和调配的基础。从事某项工作的人必须具备一定的知识、技能、能力、兴趣、体格、行为特点等心理和生理条件，工作分析中制定的岗位规范描述了与工作相匹配的重要的个体特征。

（2）工作内容

即明确工作者做什么。包括所要完成的工作任务、工作职责、工作流程等。

（3）工作时间

即何时做。要明确完成工作的具体时间。

（4）工作环境

由物理环境、社会环境构成。物理环境，包括正常的温度、适当的光照、通风设备、安全措施、建筑条件以及工作地理位置等。社会环境依赖于工作职位与部门，主要包括工作团体的情况、社会心理氛围、同事间的相互关系及部门之间的关系等。

（5）工作方式

即如何做。也就是说，工作分析应根据工作任务的内容与性质要求，明确完成工作所需的资料、机器设备、材料，确定员工完成工作活动的方法与程序。

（6）工作原因

即为何做。主要说明工作性质和重要性，为如何完成工作提供依据。

（7）工作关系

即为谁做。也就是明确该项工作的隶属关系、工作内容之间的联系和工作中与其他人的联系。员工一方面要为本职务所面向的工作对象负责，另一方面要明确上下级关系，对上级负责。

2. 工作分析的形式

工作分析的形式主要体现在两个方面：工作说明和岗位规范。

（1）工作说明

又称工作描述，是对咖啡馆某一特定工作作出的明确规定，包括对工作范围、任务、责任、技能、工作环境及职业条件的详细描述。

（2）岗位规范

又称工作规范，是指被用来说明完成某项工作的员工所需具备的技能、知识、品格等生理及心理要求。比较而言，岗位规范比工作说明更加详细。

（二）劳动定额和编制劳动定员

咖啡馆的劳动定额和编制劳动定员，是根据咖啡馆的经营方向、规模、档次、业务情况、组织结构、员工政治思想和业务素质等，本着节约用人、提高效率的宗旨，在建立岗位责任制的基础上，确定必须配备的各类人员的数量及这些人员在单位时间内所应完成的工作量。劳动定额和编制劳动定员为合理安排各类人员及其合适的工作量提供了依据，对咖啡馆挖掘劳动潜力，提高员工的劳动生产率具有十分重要的作用。

1. 劳动定额

劳动定额是服务生产过程中劳动消耗的一种数量标准。它是指在一定的生产技术和劳动组织条件下，员工为完成一定量的工作所必需消耗的工时，或者在规定的时间内所必须完成的合格工作量。合理的劳动定额是咖啡馆编制劳动定员和财务计划的基础，是合理组织服务工作的重要条件，也是调整分配制度、提高服务工作效率的有效手段。

咖啡馆劳动定额主要有工时定额和产量定额两种基本形式。工时定额是指完成一定量工作所需的工时消耗标准。产量定额是指在单位时间内必须完成的合格工作量。其计算公式如下：

工时定额 = 完成一定量工作所需劳动时间 ÷ 工作数量

产量定额 = 工作数量 ÷ 完成一定量工作所需劳动时间

咖啡馆劳动定额的制定必须以劳动时间即工时消耗的分析为基础。员工的工时消耗主要包括定额时间和非定额时间两个基本部分。定额时间是指员工在正常条件下，为完成某项工作必须消耗的劳动时间。定额时间由作业时间、布置工作场地时间、休息与自然需要时间、准备与结束时间四个部分组成。非定额时间是指因停工所损失的时间或执行非生产性工作所消耗的时间，非定额时间不应包括在工时定额之内。

2. 编制劳动定员

编制劳动定员就是确定用人的数量标准。定员工作是咖啡馆人事配合中的重要课题，它直接关系到劳动力利用的合理性和工作效率的提高。编制劳动定员要针对各个咖啡馆的具体特点和各岗位的具体情况综合考虑工作量、服务质量、工作效率等因素合理定编，真正做到人尽其才，才尽其用。咖啡馆常用的定员方法主要有以下四种：

（1）按劳动效率定员

这是一种根据工作量、劳动效率、出勤率来计算定员的方法。凡是实行劳动定额管理并以手工操作为主的工种，都可以用这种方法计算定员。

（2）按岗位定员

这是按咖啡馆内部组织机构及各种服务设施，确定岗位数量，再考虑各个岗位的工作量、劳动效率、工作班次和出勤率等因素来确定人员的方法。

（3）按比例定员

这是一种按照与员工总数或某一类人员总数的比例，来计算另一类人员数量的方法。

（4）按职责定员

这是一种按既定的组织机构和其职责范围，以及机构内部的业务分工和岗位职责来确定定员的方法。它主要适用于确定咖啡馆管理人员的数量。

● 实训任务

运用所学的基本知识，采访一名咖啡馆店长并完成下表，记录他在咖啡馆人力资源管理方面的具体工作内容，并判断此项工作内容在整个人力资源管理工作中的重要性。

关于咖啡馆人力资源管理工作采访汇总表（被采访店长：________）

序号	人力资源管理方面的工作内容	重要指数（5星）
1		☆☆☆☆☆
2		☆☆☆☆☆
3		☆☆☆☆☆
4		☆☆☆☆☆

（续上表）

序号	人力资源管理方面的工作内容	重要指数（5星）
5		☆☆☆☆☆
6		☆☆☆☆☆
7		☆☆☆☆☆
8		☆☆☆☆☆
9		☆☆☆☆☆
10		☆☆☆☆☆

任务二　咖啡馆员工招聘和甄选

● 课堂活动

一、课堂活动描述

掌握了咖啡馆人力资源管理的重要性之后，接下来我们要学习的是，如何对咖啡馆员工进行招聘和甄选。这是一项对咖啡馆来说非常重要的事情，选择合格的员工，可以提高咖啡馆产品与服务质量，反之亦然。所以，作为咖啡馆经营管理者必须懂得如何招聘和甄选合格的员工。

二、课堂活动实施

步骤1：每个企业在招聘员工的时候，都会制订一份员工招聘计划，咖啡馆的招聘同样也不例外。请思考，在制订员工招聘计划之前，应该考虑哪些方面的问题。

步骤2：根据自己的经验，咖啡馆员工招聘大概有哪几种方式？

步骤3：如果你是一家咖啡馆的经营管理者，你将怎样评定每一位应聘员工的好坏？

步骤 4：对以上三个问题做一次总结，向全班同学介绍你们分析的结果。

三、任务评价（评价计分表如下）

组别	姓名	考虑问题的描述（25 分）	招聘方式的描述（25 分）	评定员工好坏的描述（25 分）	总结与汇报成果（25 分）	总分

● 理论加油站

咖啡馆的经营管理活动能否正常进行，能否为顾客提供高质量的服务，取决于咖啡馆员工的素质。而员工素质的高低，又与员工的招聘、培训等工作的开展密切相关。新咖啡馆开业伊始对员工的需求或老咖啡馆由于员工流动而不断产生的人员空缺，都需要通过招聘来填补，招聘工作的最终目的是将合适的员工放在适当的工作岗位上。在招聘员工的工作中实行德、智、体全面考核，择优录取，为咖啡馆补充新鲜血液，从而不断提高员工素质和咖啡馆的服务质量。

一、咖啡馆员工的招聘计划

员工招聘计划应该由咖啡馆经营管理者负责制订，在制订员工招聘计划时，应考虑以下几方面的问题。

（一）招聘对象和数量

咖啡馆经营管理者必须清楚地知道咖啡馆各岗位的要求与工作量，审核确认该咖啡馆员工缺额人数和所需配备员工的工作层次。例如，吧台长多少名，吧台员工多少名，外场服务员多少名等等。

（二）招聘途径

一般有咖啡馆内部招聘和咖啡馆外部招聘两种途径。咖啡馆内部招聘是通过对在咖啡馆工作了一段时期的员工进行考察，采用调职或提升的方式，将已具备了一定技术技能和管理技能的较为优秀的员工安排在合适的职位上，以达到人尽其才的目的。咖啡馆外部招聘是指咖啡馆通过对外招聘选择员工。由于咖啡馆的特殊性，大多数的小型咖啡馆都喜欢采用内部招聘的方式，外部招聘则喜欢同行业相互介绍推荐的方式。

（三）招聘时间

咖啡馆内部招聘的时间可由各个咖啡馆根据自身情况灵活掌握，而咖啡馆外部招聘选择适当的时间就很重要。由于咖啡馆专业性人才比较稀缺，所以大多数的大型咖啡连锁企业都会与中职、高职院校合作，参加中职、高职等院校的招聘会，这样比较容易招聘到高素质人才。

（四）制定选择的标准

制定选择标准直接关系到招聘来的员工的素质。标准太高，可能会使招聘计划无法完成；标准太低，则招聘来的员工的素质得不到保证。制定标准时又必须考虑社会环境因素，如当地的人才供求状况、相关院校所能提供的毕业生数量和层次等。

二、咖啡馆外部员工的招聘与甄选

员工招聘程序分外部招聘程序和内部招聘程序两种，各有不同的特点和要求。

（一）外部招聘程序

根据咖啡馆外部招聘计划所确定的对所需员工数量和质量的要求，招聘与选择的规范程序一般包括六个步骤：

①发布招聘空缺职位的信息。

②同应聘者进行初步面谈，经过筛选后发给职位申请表。

③审核职位申请表及有关材料。

④正式面谈与测试。

⑤体格检查。

⑥议定工资、待遇，正式聘用。

应聘者经过六个步骤而未被淘汰，就可以成为咖啡馆正式聘用的员工，按应聘职位的要求，经过培训后上岗。

（二）外部招聘员工的考核录用

外部招聘员工的考核录用主要包括全面考核和择优录用两项工作。

全面考核，就是根据咖啡馆招工条件，对求职者进行职业适应性的考查。全面考核一般包括以下几个方面。

1. 报名时的初试

即通过简单问话、目测、验证和填表、测量，考核求职者的身体素质、文化程度、工作经历及其他基本情况，挑选出基本符合咖啡馆要求的人员。

2. 笔试

主要测试求职者的文化水平、外语水平、思维能力、文字表达能力等。这一种考核也可以以学校的成绩登记表、毕业统考成绩等为依据。

3. 面试

即通过与求职者面对面的交谈，观察求职者的脸部表情、动作姿态、谈话态度、思维广度、回答速度以及个性需要、动机等心理素质和各种能力。这对评价应聘者是否适合应聘职位，是否具有培养潜力具有重要作用。

4. 复查与体检

复查是在正式录用已列入录用名单的应聘者之前，对其提供的有关材料进行核实和了解，以保证其真实性和可靠性，如学历证书及相关工作经历证明等。此外，应要求应聘者进行体格检查。通过体格检查不仅可以了解应聘者是否具有胜任工作的健康体质，还可防止身患疾病者进入咖啡馆工作。咖啡馆是服务性行业，对员工的健康标准有严格的要求。

在完成全面考核后，咖啡馆将根据考核的结果进行择优录取。

三、咖啡馆内部员工的招聘与甄选

咖啡馆内部招聘主要包括咖啡馆内部员工的提升和内部职位的调动。提升是填补咖啡馆内部空缺职位的最好办法，除了省时省力外，更重要的是能对咖啡馆员工的工作积极性产生激励作用。但如果提升工作没做好，不仅不能对员工产生激励作用，反而会起反作用。所以，咖啡馆人力资源管理者应掌握好咖啡馆内部提升的方法，并克服主观、片面等“情感化”的影响。

1. 确定提升候选人

“才职相称”原则是确定一名员工是否具有提升资格的标准，具体地讲，主要包括以下四个方面。

（1）个人品德

考察提升候选人的品德素质对保证德才兼备的标准至关重要。因为管理人员在其管理范围内是一个“领袖人物”，他们的行为品德常受到员工们的注目和效仿。如果没有良好的品德素质，就难以成为下属员工的表率，其所管部门将缺乏凝聚力，不能出色地完成部门工作。

（2）个人才能

提升候选人的个人才能主要体现在知识素质和能力素质两个方面。知识素质主要包括文化程度、专业知识、管理知识等方面。提升候选人是否掌握与其将任职位相当的专业知识和管理知识，将影响到提升者能否适应并顺利开展工作。能力素质主要包括提升候选人的管理能力和专业技能等方面。提升候选人的管理能力体现在决策计划能力、组织与协调能力、激励沟通能力、评估培训能力和分析问题及解决问题的能力等方面，因管理层次和范围不同，以上几方面各有所侧重。提升候选人必须了解和掌握相应的专业技能，这样，在担任管理工作后才不会出现瞎指挥、遇事手足无措的现象。当然，一名优秀的服务员并不一定能成为一名优秀的管理人员。优秀服务员的标准是把自己的服务工作做好，而优秀管理员的标准是如何通过别人把服务工作做好。

（3）个人的工作表现

考察提升候选人的工作表现是对提升候选人原工作的考核和评价，尽管以往良好的工作表现并不能证明其今后的工作一定称职，但如果把以往工作表现欠佳者提升到更高或更重要的职位上，不但难以保证其工作表现会更好，而且会引起广大员工的反感，起到负刺激效应，影响员工的工作积极性。如果某员工的工作能力很强，工作表现也不差，但是他并未为工作作出太大的努力（如果能作出更大的努力，他的工作表现将更好），则不能认为该员工的工作表现是好的。

（4）工作年限

工作年限是指提升候选人在咖啡馆的工作时间。考核提升候选人的工作年限即是考虑他的工作资历，因为候选人的任职时间如果太短，就很难积累到任职所需具备的工作经验，而且工作年限太短而频繁地提升容易引起周围其他员工的不满，对新的工作不熟悉也将给他带来精神上的压力，影响工作的开展。应注意的一点是，考虑提升候选人的工作资历并不是说提升必须论资排辈，对一些条件突出、业绩显著的候选人完全可以破格提升。

2. 对提升候选人进行测试

对提升候选人的测试主要是对其潜在能力和发展能力的测定，即测定其分析问题的能力、计划决策的能力、领导的能力以及人际沟通能力、协调能力等，以考察其管理素质和提升潜力。

3. 综合测评以确定提升人选

提升候选人在个人才能、品德、工作表现以及其他方面都各有优缺点，咖啡馆不同部门、不同职务对提升候选人某些方面的要求要高些，为了避免片面性和适应各具体部门对提升人选的要求，可采取综合测评的方式对每一位候选人的知识结构、组织能力、工作态度、风度气质等进行综合评价。一般可采用以下两种方法进行定量评定：

（1）简单评分法

简单评分法是将各候选人在各项上的得分相加，然后从中选出得分最高者并确定为提升对象。

（2）加权评分法

所谓“加权”就是通过给各个评分项目的得分乘上一个权数（比例系数），以突出某些项目的重要性。由于咖啡馆各管理岗位的具体要求不尽相同，对提升人选各项能力的考核也应各有侧重，如确定店长，知识结构、分析问题能力、组织能力、工作态度就比较重要；选拔吧台长，风度气质、知识结构就比较重要，采用加权评分法可以较好地解决这个问题。

● 实训任务

同学之间相互进行模拟面试练习，并完成咖啡馆模拟面试情况记录表和咖啡馆新员工试用期评估表。

咖啡馆模拟面试情况记录表

年　月　日

<table>
<tr><td>编号</td><td></td><td>姓名</td><td></td><td>性别</td><td></td></tr>
<tr><td>应聘职位</td><td colspan="5"></td></tr>
<tr><td>评分等级</td><td colspan="5">优秀：5　良好：4　满意：3　一般：2　低劣：1</td></tr>
<tr><td rowspan="2">项目</td><td colspan="5">面试</td></tr>
<tr><td>评分</td><td colspan="4">评语</td></tr>
<tr><td>外貌/仪表</td><td></td><td colspan="4"></td></tr>
<tr><td>性格/个性</td><td></td><td colspan="4"></td></tr>
<tr><td>礼貌/态度</td><td></td><td colspan="4"></td></tr>
<tr><td>气质/谈吐</td><td></td><td colspan="4"></td></tr>
<tr><td>灵活性/反应</td><td></td><td colspan="4"></td></tr>
<tr><td>自信心</td><td></td><td colspan="4"></td></tr>
</table>

（续上表）

智慧/判断力		
工作知识		
外语能力		
其他知识		
健康状况		
总分合计		
总评		
面试意见	推荐________岗位 存入人才库 不接受	
面试人签名		

注：1. 面试人员应用钢笔或圆珠笔填写。

2. 字迹务必清晰工整。

咖啡馆新员工试用期评估表

姓名		性别		年龄		文化程度	
部门		岗位		工牌号		入店时间	
评分等级	优秀：5　良好：4　满意：3　一般：2　低劣：1						
项目	评分	评语					
仪容/仪表							
礼节礼貌							
工作主动性							
工作服从性							
业务水平							
工作效率							
人际关系							

（续上表）

学习能力		
个人发展潜力		
英语水平		
总分		
总评		
建议	请在所选选项前面的□内打√ □同意留用，可转为正式员工 □有发展潜质，但需要延长试用期一个月 □不适合本岗位工作，但可到咖啡馆其他岗位工作 □不适合在咖啡馆工作	
备注		
评估人签字		
填表日期	年 月 日	

任务三 咖啡馆员工培训

● 课堂活动

一、课堂活动描述

咖啡馆招聘和甄选员工之后，作为咖啡馆的一名经营管理者接下来就要对招聘和甄选的员工进行培训。做好咖啡馆培训计划与培训任务，对咖啡馆的长期发展和咖啡馆员工的自身发展都是非常有利的。

二、课堂活动实施

步骤1：咖啡馆招聘员工需要招聘计划，同样员工培训也需要计划。请思考一下，在做员工培训计划之前，应该考虑哪些方面的问题。

步骤2：根据自己的经验，咖啡馆员工培训的主要内容是什么？培训的主要方法是什么？

步骤3：假设你是一家咖啡馆的经营管理者，你应该怎么做才可以培训好自己咖啡馆的员工？

步骤 4：对以上三个问题做一次总结，向全班同学介绍你们分析的结果。

三、任务评价（评价计分表如下）

组别	姓名	考虑问题的描述（25 分）	主要内容方法的描述（25 分）	如何培训好自己的员工描述（25 分）	总结与汇报成果（25 分）	总分

● 理论加油站

咖啡馆员工培训就是按照咖啡馆人力资源管理的计划，有步骤地向员工灌输正确的职业道德，传授生产、工作技能，增强管理能力的活动。无论是合格的服务人员，还是管理人员，都需要进行培训。

一、员工培训的意义

员工培训无论对咖啡馆还是员工个人都是大有裨益的。就咖啡馆而言，员工培训可以提高员工的文化、技术素质，员工文化、技术素质的提高又可以降低咖啡馆损耗，减少事故的发生。另外，培训员工还可以减少旷工和迟到现象，降低员工的流动率，从而提高工作效率。就员工自身而言，培训使员工掌握了最优的工作方法和技能，这意味着增强了员工的就业能力。员工经过培训会减少事故的发生，使自身的安全得到保证，并有利于自己的晋升。

二、员工培训的类型与方式

咖啡馆员工培训可从总体层次上划分为职业培训和发展培训两类。职业培训主要针对操作人员，而发展培训主要针对管理人员。

（一）职业培训的形式

职业培训的主要对象是咖啡馆操作层的员工，培训的重点应放在培养和开发操作人员的技术技能方面，使他们熟练掌握能够胜任工作的知识、方法、步骤和过程。职业培训一般具有以下几种形式。

1. 岗前培训

岗前培训是新员工走上服务岗位之前的培训。岗前精心的培训和正确的引导将为员工以后良好的表现打下基础。岗前培训的内容应包括对咖啡馆文化和概况的介绍，对咖啡馆经营宗旨和经营方针、政策的介绍以及对咖啡馆组织机构的介绍，使新员工尽快熟悉工作环境。岗前培训还包括职业道德教育、服务精神教育、礼貌礼仪教育，并对新员工进行咖啡馆规章制度、组织纪律、安全知识的教育。在岗前基本培训结束后，将新员工分配到各岗位，由他们的上级进行基本业务和技术的培训。

2. 岗位培训

岗位培训是员工不脱离工作岗位所接受的训练。这是员工培训最主要的形式。这种培训方法需要的费用很少，因为在培训过程中，受训人也在履行自己的工作职责。在咖啡馆中，一般由经验丰富、技术熟练的老员工担任岗位培训的培训者。岗位培训要根据岗位工作要求逐步进行，培训的内容和时间视工作的性质和复杂程度，以及受训人员的接受能力而定。

3. 持续培训

新员工经过岗前培训和岗位培训以后，就可正式投入服务工作了。在新员工上岗以后，还要不断地进行持续培训。持续培训包括再培训、交替培训和更换培训。

（1）再培训

又称重复培训。再培训的目的是使上岗后的员工复习已经遗忘或不太熟悉的业务，并通过再学习，把已掌握的技能与技巧再提高一步。如果咖啡馆的服务规格、操作方法等有了新的改变，也需要对员工进行再培训。

（2）交替培训

它的目的是防止员工因故不在工作岗位时引起的工作混乱。交替培训可以使员工成为多面手，掌握两个以上工作岗位的技能，这样无论对员工本人还是对咖啡馆人力的调配都大有裨益，尤其对于中、小型咖啡馆来说更为重要。

（3）更换培训

它是指将已经上岗但不称职的员工及时换下来，对他们重新进行其他工种的培训。由于人的脾气、性格和能力各有差异，对同一工种的适应性不一样，所以更换培训非常必要。

（二）发展培训的层次

职业培训的对象都是在操作层工作的员工，培训时只需分工种进行工作技能、技巧的培训，没有必要分层次，而管理工作具有不同管理层次的区分，不同层次的工作侧重点不一样，培训的内容也各不相同。

1. 吧台长、主管人员的培训

他们的工作重点主要是在第一线从事具体的管理工作，执行中、高层管理人员的指示和决策。因此，对他们进行培训应着重于管理工作的技能、技巧，如培养他们思考问题的方法，培训他们掌握组织他人工作的技巧，怎样为班组成员创造一个良好的工作环境，使每个被管理者都能心情舒畅地工作。

2. 店长、管理人员的培训

店长、管理人员的培训应注重发现问题、分析问题和解决问题的能力，用人能力，控制和协调能力，经营决策能力，以及组织设计能力的培养。因此，这一层次的员工必须精通咖啡馆的经营管理，他们所要掌握的知识更趋向于观念技能，如经营预测、经营决策、市场营销和公共关系等知识。

三、员工培训的实施步骤

（一）发现培训需求

培训需求既是咖啡馆培训工作的开始，又是衡量培训工作效果的主要依据，即培训是否满足了需求。培训需求的产生主要来自以下几个方面。

①将目前员工的工作状况与所应达到的工作标准相对照，如发现存在差距，就需要进行培训。如新员工上岗前的培训、工作岗位变动后的培训、工作标准变化后的培训和新设备使用的培训等。

②根据顾客投诉、员工抱怨和检查发现的问题进行培训。

③咖啡馆员工流动率过高而产生培训的需要。

（二）制订培训计划

要想获得良好的培训效果，就必须制订周密的计划。培训计划的制订要综合考虑员工的素质、心理状态、营业情况、服务质量等方面的因素，选择合适的培训方式，确定培训项目以及考核培训效果的标准。

（三）准备培训材料、场地

针对不同的培训任务和对象准备好不同的培训材料、场地和设备。培训材料应准备充分，印刷要求整齐、清晰。应充分利用现代化的培训工具，采用视听材料，以增加感性认识。在进行服务操作技能培训时，须备有操作工具。除本咖啡馆固定的培训教室、场所外，还可组织受训者到一些服务质量好的咖啡馆去实地考察、学习。

（四）具体实施培训

作为以操作层员工为主体的职业培训，行业常用的方法可以简单地概括为四句话：第一句话是告诉你（Tell You），就是告诉你如何去做；第二句话是做给你看（Show You），就是示范做一遍；第三句话是学我做一下（Follow Me）；第四句话是检查纠正你（Check You）。

对于以管理人员为主体的发展培训，则可以采取讲授、讨论、案例分析研讨、经营管理“游戏”以及选送有培养前途的受训者到一些培训机构接受短期进修等方式，提高其管理水平。

（五）培训评估

评估是针对培训的最终结果进行的。只有受训者经过培训后的工作行为才能正确反映培训的效果。培训评估一般包括三个步骤：监督指导，分析和修正评价标准，评价培训效果。

四、员工培训的方法

咖啡馆员工培训通常涉及知识理论性培训和实践指导性培训，常用的方法主要有以下几种。

（一）讲授法

讲授法，即由培训者对员工以讲授形式传播知识的一种方法。目的在于使员工提高思维能力，获得社会知识，增强求知欲望，培养学习兴趣。

（二）讨论法

讨论法是由培训者提出论题，设定一定的限制条件，组织和引导员工开展讨论，最终得出正确结论的培训方法。

（三）案例讨论法

案例讨论法就是把实际工作中发生过的案例提供给员工进行剖析、研究，在讨论的基础上提出自己的见解，并要求有鲜明的观点和较为充分的论据。

（四）角色扮演法

角色扮演法即让员工模拟实际情景，扮演各种角色进行训练。

（五）操作示范法

操作示范法是为使员工了解和掌握工作程序以及正确的操作方法，在工作现场或模拟的工作环境中利用实际使用的设备及材料进行边演练、操作，边讲解的一种培训方法。四步培训法是较为常用的操作示范法，它是一种将一项培训活动分为“讲解—示范—实习—辅导巩固”四个步骤，从而达到培训目标的方法。

● 实训任务

实训任务一：作为一名咖啡馆的经营管理者，应该了解咖啡馆员工的实际工作技术及能力，做好一定时期的员工培训计划，帮助员工掌握技能，发展自己，请完成咖啡馆年度员工培训计划表。

咖啡馆年度员工培训计划表

课程编号	培训课程名称	培训内容	培训时间		培训对象	人数	经费预算	培训方式	备注
			日期	时数					

制订人：　　　　审核人：　　　　制订日期：

实训任务二：专门为新员工设计培训内容，让新员工更快地适应咖啡馆的工作，是咖啡馆经营管理者的职责之一，由此请认真思考对于新员工应该培训哪些内容。思考后，请填写咖啡馆新员工培训计划表。

咖啡馆新员工培训计划表

<table>
<tr><td rowspan="2">培训员工</td><td>姓名</td><td></td><td>岗位</td><td></td><td>入职时间</td><td colspan="2"></td></tr>
<tr><td>学历</td><td></td><td>专长</td><td colspan="4"></td></tr>
<tr><td>项次</td><td>培训课程</td><td colspan="2">培训内容</td><td>培训时间</td><td>培训时数</td><td>培训人</td><td>其他</td></tr>
<tr><td></td><td></td><td colspan="2"></td><td></td><td></td><td></td><td></td></tr>
<tr><td></td><td></td><td colspan="2"></td><td></td><td></td><td></td><td></td></tr>
<tr><td></td><td></td><td colspan="2"></td><td></td><td></td><td></td><td></td></tr>
<tr><td></td><td></td><td colspan="2"></td><td></td><td></td><td></td><td></td></tr>
<tr><td></td><td></td><td colspan="2"></td><td></td><td></td><td></td><td></td></tr>
<tr><td></td><td></td><td colspan="2"></td><td></td><td></td><td></td><td></td></tr>
<tr><td></td><td></td><td colspan="2"></td><td></td><td></td><td></td><td></td></tr>
</table>

制订人：　　　　　　　　审核人：　　　　　　　　制订日期：

任务四　咖啡馆员工绩效考评与薪酬管理

● 课堂活动

一、课堂活动描述

员工绩效考评与薪酬管理，不仅关系到咖啡馆员工自身的发展，同时也在一定程度上关系到咖啡馆自身的发展。因此，咖啡馆经营管理者必须懂得如何对员工绩效与薪酬进行管理，制定出合法、合理、合情的员工绩效与薪酬管理制度，使员工全心全意地为咖啡馆服务，提高咖啡馆的经营效率。在本节课的课堂活动中，我们开始学习有关咖啡馆员工绩效与薪酬管理的相关知识。

二、课堂活动实施

步骤 1：员工的绩效考评是对员工工作的考核，是咖啡馆经营管理者对员工进行管理的一个重要的参照指标，请问你认为咖啡馆员工的绩效考评应该包括哪些方面？

步骤 2：根据你的经验，你认为咖啡馆员工绩效考评的方法有哪些？

步骤 3：假设你是一家咖啡馆的经营管理者，你觉得薪酬结构应该是怎样的？

步骤 4：对以上三个问题做一次总结，向全班同学介绍你们分析的结果。

三、任务评价 （评价计分表如下）

组别	姓名	绩效考评方面描述（25 分）	员工绩效考评方法描述（25 分）	薪酬结构合理描述（25 分）	总结与汇报成果（25 分）	总分

● 理论加油站

一、员工绩效考评

员工绩效是指员工在工作过程中表现出来的与组合目标相关的并且能被评价的工作业绩、工作能力和工作态度，其中工作业绩指工作的结果，工作能力和工作态度则指工作行为。咖啡馆员工绩效考评是按照一定的标准，采用科学的办法，考核评定咖啡馆员工在某一阶段对职务所规定的职责的履行程度，进而确定其工作成绩的一系列管理活动。员工绩效考评要从员工工作成绩的数量和质量两个方面，对员工在工作中的优缺点进行系统的描述与评价，并要进行绩效考评反馈，让员工明确自己的工作表现，再接再厉，弥补差距。

（一）员工绩效考评的意义

1. 有利于员工认清自我，从而起到有效激励员工的作用

绩效考评可以为员工提供反馈信息，帮助员工认识自己的优势和不足，发现

自己的潜在能力并在实际工作中充分发挥这种能力，改进工作绩效，有利于员工个人的事业发展。

2. 可以为甄别高效和低效员工提供标准，为咖啡馆确立奖惩制度提供依据

通过客观公正、科学合理的绩效考评，不同工作岗位上的员工的工作成果可以得到合理的比较，为薪酬设计、奖金分配、晋升、调岗和下岗等管理活动提供有力依据。

3. 为咖啡馆人力资源管理者分析培训需求、制订培训计划提供了依据

由于员工绩效考评不仅可以发现员工的优点，也能够指出员工的缺点，所以，员工绩效考评能够帮助人力资源部门发现员工需要培训的方向，尤其是可以指出管理人员在诸如人际冲突管理、监督技能、计划和预算能力等方面的欠缺，为培训方案的设计和实施奠定基础。

4. 有助于员工人事档案的建立，为咖啡馆将来进行人事决策提供帮助

建立员工业绩的档案材料，可以帮助咖啡馆在将来进行各种人事决策，包括提升优秀员工，开除不合格的员工，调整工资，确定培训内容，调岗，确定员工招聘中应该重点考察的知识、能力、技能和其他品质等。

5. 有利于提高咖啡馆的科学管理水平

员工考评活动为咖啡馆管理层与基层员工之间提供了一次有效的直接沟通机会。一方面，考评可以促进人力资源部门与各级主管对员工实际情况的深入了解，有利于营造融洽的工作气氛；另一方面，考评可以检查管理人员的工作成效，发现管理工作中的薄弱环节，从而加强管理以达到部门的目标与要求。另外，考评可以促使管理层更妥善地安排员工的工作，量才用人，从而改善部门的管理状况，使各项业务得以顺利开展。

总之，员工绩效考评有利于发现咖啡馆存在的问题，绩效考评的信息可以被用来确定员工和团队的工作情况与咖啡馆目标之间的关系，有助于改进咖啡馆管理效率和员工的工作。因此，员工绩效考评既是一个过程的结束，又是一个新阶段的开始。

（二）员工绩效考评的内容

咖啡馆员工绩效考评的对象、目的和范围复杂多样，所以考评内容也颇为复杂，但基本上可以分为德、能、勤、绩四个方面。

1. 德

德是员工的职业素质、道德素质和心理素质的综合体现。德的标准不是抽象的，而是随着不同时代、不同行业、不同阶级而有所变化。在今天的中国社会，德的一般标准包括坚持党的基本路线，坚持集体主义价值观，富有使命感、责任

心和进取精神，遵守职业道德，遵纪守法等方面。德的考评对各级管理者尤为重要。

2. 能

能指员工从事工作的能力，包括体能、学识、职能和技能等方面。对于不同的职位和岗位，员工能的考评要求应有不同。

3. 勤

勤指勤奋敬业的精神。主要体现为员工的工作积极性、创造性、主动性、纪律性和出勤率。人事考勤工作应将日常的考勤情况与工作中的表现结合起来，重点考评员工的敬业精神。

4. 绩

绩指员工的工作业绩，包括完成工作的数量、质量、经济效益和社会效益。对于不同职位，考评的侧重点应有所不同，但效益应该处于中心地位。

在具体实施考评时，德、能、勤、绩往往被分解成若干子项目，如对集体组织的忠诚度、知识水平、团队精神、工作成果等，从而使考评更加客观可行。但选择哪些项目作为具体考评的内容则取决于考评的目的。如：为了奖金的合理发放，应该选择员工的工作结果来进行评价；为了安排员工参加培训，应该选择工作知识等员工的个人特征作为评价内容；为了开除不合格员工，就应该选择违反纪律、违反工作规程的行为或产生不良后果的行为作为考评内容。

（三）员工绩效考评的方法

1. 工作标准法

工作标准法，又称劳动定额法，它是将员工的工作与咖啡馆制定的工作标准（劳动定额）相对照，以确定员工绩效的方法。

2. 排序法

排序法是一种把限定范围内的员工按照某一标准由高到低进行排列的一种绩效考评方法。

3. 强制分布法

强制分布法是将限定范围内的员工按照某一比例划分到有限数量的几种类型中的一种绩效考评方法。例如，将5%的员工划入“优秀”类型，将5%的员工列入“差”类型，然后再把一定比例的员工列为“良好”“一般”“较差”。

4. 关键事件法

所谓关键事件是指员工工作中发生的好的或不好的行为。采用关键事件法考评时，必须对从上次考评到本次考评期间发生的每件事情及时做好记录，包括正反两方面事件。

5. 打分检查法

打分检查法是指根据员工的工作检查表，由主管对员工的每项工作进行打分的绩效考评方法。

6. 目标管理法

目标管理法是管理者和员工共同制定考评期内要实现的工作目标，到考评期末，再由双方共同对照原定目标来测算实际绩效，找出成绩和不足，然后制定下一个考评期的绩效目标的绩效考评方法。

二、薪酬管理

薪酬泛指员工通过工作而从工作单位获得的各种财务报酬，包括薪金、福利和各种奖励。

（一）薪酬制度的目标

1. 激励员工

薪酬制度不仅是员工的生活保障，而且体现了员工的自身价值，所以，激励员工应该成为薪酬目标的重要方面。

2. 吸引人才，提高竞争优势

薪酬制度为咖啡馆获取竞争优势提供支持，增强咖啡馆招募的影响力，吸引优秀的人才；同时，也为稳定员工队伍、减少员工流失、保证服务质量、提高效益起到了积极有效的作用。

3. 维护企业与员工的合法权益

咖啡馆依法制定薪酬制度，不但有利于维护员工与企业的关系，也有利于树立咖啡馆的公众形象，可避免不必要的劳动诉讼或罚款，在维护员工利益的同时，也维护了自身权益。

（二）薪酬制度的设计

1. 薪金的水平与结构设计

薪金制度包含了薪金、支付方式及薪金的升降政策。薪金可细分为基本薪金、加班薪金、节假日薪金等几种形式。基本薪金是咖啡馆员工能够定期获得的固定数额的报酬。在这里，将讨论基本薪金的水平及结构设计。

（1）薪金水平

薪金水平是指咖啡馆员工的平均薪金。咖啡馆在确定薪金水平时，一般有三个选择：

一是超出竞争对手的薪金水平。采取高于竞争对手薪金水平的方法，目的是吸引和保留优秀的员工；同时，希望以此为激励手段，提高员工对薪金的满意度，更好地激发员工的工作积极性，为咖啡馆创造更多的价值。但此种选择必然带来劳动力成本支出的增加。

二是相当于竞争对手的薪金水平。如果咖啡馆在除了薪金之外，还有其他比竞争对手更加吸引应聘者的因素，通常都会采用这个定薪方法。

三是低于竞争对手的薪金水平。咖啡馆采用低于竞争对手薪金水平的方式，虽然降低了劳动力成本，但同时也降低了咖啡馆在人力资源市场上的竞争力。

不管采用何种薪金水平方式，都会影响到咖啡馆的招工能力、稳定和保留员工的能力、劳动力成本、员工满意度以及咖啡馆服务质量等方面，从而影响到整个咖啡馆的经营管理和进一步发展。

（2）薪金结构

常见的薪金结构有结构式薪金和岗位等级薪金等。

结构式薪金，又称结构式工资，主要由基础工资、职务工资、工龄工资、补贴（津贴）等部分组成。其中，基础工资又称固定工资，效益工资又称浮动工资，有时以奖金形式表现。

岗位等级薪金，又称岗位等级工资制，是按照各个不同的岗位和每一个岗位中不同的等级而确定薪金标准的薪金制度。咖啡馆确定岗位等级的指标至少包括所任岗位的规模、职责范围、工作复杂程度、人力资源市场价格四个方面的内容。由于此种薪金制度是建立在岗位测评的基础之上的，充分突出了薪金中岗位与技能这两个结构单元的特点，更有利于贯彻按劳分配的配度，调动管理者和员工学习业务、提高业务能力的积极性。

2. 奖励制度设计

奖励包括物质奖励和精神奖励。物质奖励需要咖啡馆支付一定数量的货币，表现形式有奖品、奖金和奖励旅游等；精神奖励的表现形式可以是表扬、鼓励、奖状，也可能是更有利的职业成长机会，如培训、晋升等。奖励的根本目的是激励员工，激发其工作积极性。

奖金是对咖啡馆员工付出的超额劳动或优秀表现所进行支付的一种劳动报酬，是薪金的一种必要补充形式，具有薪金所不能起到的激励作用。

咖啡馆员工奖励的种类主要有综合奖和单项奖。

综合奖是综合考虑多项指标，以确定奖金等级奖励形式。这种方法多是预先制定考核指标，按员工完成考核指标的得分作为记奖的基础。奖金与咖啡馆经济效益密切相关，随咖啡馆经济效益的大小而上下浮动。

单项奖以员工完成某一项主要指标的情况作为获奖条件，是对员工的劳动贡献和劳动态度方面进行专项考核、单向发奖的奖励形式。其主要特点是目标明确单一，考核项目简单，简便易行，机动灵活，有利于促进某一特定工作的开展和改进咖啡馆管理的薄弱环节。单项奖往往是一次性奖励，如节约奖、质量标兵奖、服务明星奖、技术能手奖、销售奖、金点子奖、满勤奖、特殊贡献奖等。单项奖的设置不宜过多，应以解决重要项目、提高服务质量和经营效果为目的。

实训任务

假设自己是一名咖啡馆经营管理者，到年末时你要给自己的员工做年度考核，请与另一位同学合作，模拟完成下表。

咖啡馆年度考核表

<table>
<tr><td>姓名</td><td></td><td>职位</td><td colspan="3"></td><td colspan="2">薪金</td><td colspan="2"></td><td colspan="3">到职时间</td><td colspan="2"></td></tr>
<tr><td rowspan="2">本年度考绩</td><td rowspan="2"></td><td rowspan="2">本年度勤假</td><td>迟到</td><td>早退</td><td>旷工</td><td>事假</td><td>其他</td><td rowspan="2">本年度功过</td><td>大功</td><td>小功</td><td>嘉奖</td><td>大过</td><td>小过</td><td>申戒</td></tr>
<tr><td></td><td></td><td></td><td></td><td></td><td></td><td></td><td></td><td></td><td></td><td></td></tr>
<tr><td rowspan="2">考绩项目</td><td colspan="3" rowspan="2">最高分数</td><td colspan="5">初核</td><td colspan="6">复核</td></tr>
<tr><td colspan="2">分数</td><td colspan="3">折合后分数</td><td colspan="2">分数</td><td colspan="4">折合后分数</td></tr>
<tr><td rowspan="4">专长及学识（25%）</td><td colspan="2">本职技能及知识</td><td>25</td><td colspan="2"></td><td colspan="3"></td><td colspan="2"></td><td colspan="4"></td></tr>
<tr><td colspan="2">经验及见解</td><td>25</td><td colspan="2"></td><td colspan="3"></td><td colspan="2"></td><td colspan="4"></td></tr>
<tr><td colspan="2">特殊贡献</td><td>25</td><td colspan="2"></td><td colspan="3"></td><td colspan="2"></td><td colspan="4"></td></tr>
<tr><td colspan="2">专长及一般常识</td><td>25</td><td colspan="2"></td><td colspan="3"></td><td colspan="2"></td><td colspan="4"></td></tr>
<tr><td>平常考核得分（75%）</td><td colspan="2"></td><td>100</td><td colspan="5"></td><td colspan="6"></td></tr>
<tr><td>年度总成绩合计分数</td><td colspan="14"></td></tr>
</table>

（续上表）

考绩成果	本年度勤假应扣分数	
	本年度功过应增减分数	
	实得分数	
	等级	
	应予奖惩	
备注		

项目五

咖啡馆产品与服务质量管理

项目总述

咖啡馆的产品与服务质量是咖啡馆生存与发展的基础，咖啡馆之间的竞争，本质上是产品与服务的竞争，因此，不断提高产品与服务质量，以质量求效益，是每一家咖啡馆发展的必经之路。而随着咖啡行业竞争的日趋激烈，顾客对咖啡馆产品与服务质量的要求越来越高，咖啡馆必须不断探索提高和完善自身产品与服务质量的途径和方法，以取得良好的经济效益和社会效益。

● 课堂活动

一、课堂活动描述

我们都很清楚产品与服务对咖啡馆的经营来说是多么的重要，但是我们却对产品与服务质量管理的有关知识了解甚少，在这节课中，我们要让同学对咖啡馆产品与服务质量管理的基础知识有一定的了解，进而再学习如何对咖啡馆产品与服务进行管理。

二、课堂活动实施

步骤1：根据自己的经验，你认为在咖啡馆经营中影响产品质量的因素有哪些？

步骤2：根据自己的经验，你认为在咖啡馆经营中影响服务质量的因素有哪些？

步骤3：假设你是一家咖啡馆的经营管理者，你认为在咖啡馆产品与服务质量上应该如何管理或者控制？

步骤4：对以上三个问题做一次总结，向全班同学介绍你们分析的结果。

三、任务评价（评价计分表如下）

组别	姓名	产品质量问题描述（25 分）	服务质量问题描述（25 分）	产品与服务质量管理描述（25 分）	总结与汇报成果（25 分）	总分

● 理论加油站

一、咖啡馆产品与服务质量和企业效益

（一）产品与服务质量影响产品销售量

咖啡馆经营的直接目的是取得最大的经济效益。消费者需求的满足程度是随产品与服务质量的优劣而上下波动的。产品与服务质量优异，顾客需求的满足程度就会提高，咖啡馆的产品和品牌对顾客就有吸引力，顾客回头率就会提高，咖啡馆产品销售量也就会随之增加，其市场占有率必然上升。由于消费者处在一定的社会群体中，一个顾客对咖啡馆产品与服务的评价会影响到周围的人，正如国外一份研究报告中所说，一个满意的顾客会对三个人说好，一个不满意的顾客会对十个人说不好。因此每一个提供优质服务的咖啡馆，都会因顾客的宣传而使客源增多、销售量增大，咖啡馆利润也会随之而增加，反之，则生意清淡，利润下降。

（二）优质产品与高质量服务有利于降低消耗

美国经济学家阿曼德·V. 菲根保将为提高产品与服务质量而投入的物质资料和活劳动称为质量成本。一般来说，凡能创造优质产品与服务的员工，不但技术水平高而且责任心强，他们对工作一丝不苟，精益求精，既能创造优质产品与服务，又能创造较高的劳动生产率，促进企业降低成本，创造更高的经济效益。

（三）产品与服务质量影响咖啡馆产品的价格

产品的价格是以产品的价值为基础的。价值是一种经济关系，人们看不见、摸不着。在供求状况已定，各咖啡馆现代化设备投入使用、原材料加工手段及用餐设施越来越接近的情况下，咖啡馆产品与服务质量便成为产品销售价格的决定因素。优质优价是咖啡行业制定价格的基本原则，咖啡馆的经济效益也因之有所区别。

（四）产品与服务质量影响咖啡馆形象

优质产品与服务能提高顾客满意度，咖啡馆的信誉也会随之不断上升。相反，产品与服务质量差，消费者不满意，咖啡馆信誉将随之不断下降。在市场经济条件下，咖啡馆的形象是咖啡馆的无形资产，企业信誉越好、形象越好，其市场价值也越高。因此，优质产品与服务是提高咖啡馆形象、树立企业品牌的基础。

（五）产品与服务质量具有一定的社会效益

对顾客来说，咖啡馆产品与服务质量关系着人们的健康与安全。如果咖啡馆食品不卫生，服务人员服务态度差，不仅影响咖啡馆经营，而且会对行业和社会产生负面影响。相反，一个咖啡馆产品与服务质量优异，不仅使顾客的物质、精神需求得到满足，使企业利润不断增加，而且能带动同行业共创服务新风，促进全行业服务水平的整体提高。

二、咖啡馆产品与服务质量的三要素

咖啡馆产品与服务质量包括物质要素、精神要素和时效要素。

（一）物质要素

咖啡馆产品的物质内容是影响产品与服务质量的第一要素。首先，主要产品如咖啡、奶茶、冰沙等的质量是满足咖啡馆消费者需要的主要物质要素，它们的品质——色、香、味、数量和营养是否符合顾客的需要，是咖啡馆产品与服务质量的决定因素。其次，咖啡馆为顾客提供的设施设备、器具以及环境能否使顾客满意，也直接影响产品与服务质量。再次，在咖啡馆提供产品与服务的过程中，服务程序也是服务质量的物质内容，服务程序不合理，也会引起顾客的不满。所以，咖啡馆产品与服务质量管理要重视产品的物质内容。

（二）精神要素

咖啡馆产品的物质内容在一定程度上影响着顾客的心理，如光顾高级咖啡馆的顾客会得到一种显示高贵地位的心理满足。但在市场经济条件下，人们更重视在人际交往中是否受到尊重与礼遇。在咖啡馆经营过程中，由于生产者与消费者同处于一个生产过程，生产者与消费者能否愉快、和谐地交往非常重要。而服务人员能否与顾客保持良好的交往关系，取决于服务人员的服务态度、礼节礼貌、服务技能及沟通交流能力。

（三）时效要素

高质量的咖啡馆产品与服务要求服务人员准确、迅速、有效地为顾客提供服务。首先，保证咖啡馆产品享用的有效时间。咖啡馆产品的特征是要求提供即时服务，时间过长或者过短都会影响咖啡馆产品与服务的质量。其次，无形服务产品也有使用的有效时间。消费者应在规定时间内得到有效服务。顾客购买服务、消费服务都有一定的时间要求。随着市场经济的完善，人们面临的是社会化的大生产，要求高效率、快节奏，时间观念大大增强。因此，在寻找、等候、服务、结账等方面耗费的时间应越短越好。

构成咖啡馆产品与服务质量的物质、精神、时效三要素是彼此联系、互为条件的。服务产品的物质内容不佳，其他方面做得再好，也不能令顾客满意。相反，如果高档咖啡馆的物质内容一流，但“店大欺客”，服务人员态度差，服务等候时间长，时效性差，也难以有好的产品与服务质量。因此，产品与服务质量的三要素不能顾此失彼，要三者兼顾，才能创造出优质的产品与服务。

三、咖啡馆产品与服务质量管理的途径

（一）以顾客需要为核心设计产品与服务质量标准

咖啡馆员工都应在符合消费者需要的前提下，创造自己的优质产品与服务。质量不仅由管理决定，还取决于消费者的需要和期望。也就是说，质量不仅是对产品与服务的客观衡量，还是消费者对产品与服务过程的主观感觉。咖啡馆产品与服务质量的管理包括了解需求、质量设计、指导消费三个阶段。

1. 了解需求

需求主要受消费者购买力水平的制约。顾客对服务的购买力水平可分为高、中、低三个层次，产品与服务质量也有高、中、低之别，价格也有高低之分，即优质优价，低质低价。另外，不同的消费者有不同的要求，因此，对消费者的质量需求必须作出分析：一方面要区分合理与不合理的需求，创造条件，满足合理需求；另一方面，要区分一般需求和特殊需求，以便分别满足消费者的不同需求。总之，了解消费者的需求，是使消费者对产品与服务质量满意的基础。

2. 质量设计

对产品与服务质量的设计分两部分，即规范化设计和个性化设计。规范化设计是基本的、主要的产品与服务质量设计。它由咖啡馆根据消费者的一般需

求——多数人的共同需求来设计，提出具体的产品与服务质量标准。员工按照咖啡馆制定的服务质量标准为消费者提供服务，称作规范化服务或标准化服务。

在标准化服务中，除制定员工的行为规范外，还需提出相应的数量指标要求，以便从数量方面反映产品与服务质量，规范化服务既可以满足多数消费者对产品与服务质量的共同要求，又是对员工主要工作的具体规定，应当说后者的意义更为重要。至于个性化服务，它是为满足顾客的特殊需求而提供的服务活动，它是由员工根据顾客的特殊要求临时设计的。个性化服务越好，服务质量就越高。总之，服务活动要一般和特殊相结合，规范化服务和个性化服务相结合，才能使质量达到较高的水平。产品与服务质量标准应该是公开的，使企业、员工和消费者对产品与服务质量标准都有所了解，消费者方能知道自己的需求将如何得到满足，咖啡馆和员工才能明白怎样去满足顾客的需求。两者相结合，既是压力，又是动力，从而促进咖啡馆服务水平的不断提高。

3. 指导消费

设计产品与服务质量标准是重要的，但再好的质量标准，如果不付诸实践，就是一张废纸。顾客的需求在员工提供服务的过程中才能得到满足。质量是在买者和卖者的交易过程中创造的，咖啡馆员工应当在提供服务的过程中给顾客以指导，使消费者的需求能够获得最大程度的满足。因此，咖啡馆全体员工都对提高产品与服务质量承担着重要的责任。如果某个员工在直接或间接与消费者接触的过程中没有做好工作，就会影响产品与服务的整体质量。

（二）实施全面质量管理

质量管理是咖啡馆的全体员工在经营的全过程中实行的。因此，必须对质量生产的每一个环节加以监测和保证，即实施全面质量管理。这里所指的全面包括下列三个方面的含义：一是全方位，它是指咖啡馆的每一个岗位都要参与质量管理；二是全过程，它是指咖啡馆的每一项工作从开始到结束都要进行质量管理；三是全体人员，它是指咖啡馆的全体员工都要参加质量管理。

1. 预防错误发生，第一次做事就力求把事情做好

为了防止错误发生，一般要采取下列措施：

①员工要进行上岗前和岗位变动前的培训，知道应该如何做好工作。

②每一位老员工都有义务用示范方式指导新员工做好工作。

③每一位员工都要对自己做的工作进行自查，每一位主管都要对员工工作进行全面检查，做到有备无患。

④为了确保质量，制定巡回检查制度。

2. 开展无缺点活动

为了帮助每位员工养成做好工作、不发生差错的习惯，咖啡馆可开展无缺点

活动，使员工逐渐养成无缺点工作的习惯。

3. 确立质量成本与受益意识

全体员工一定要认识到，质量的好与坏都是要付出代价的。坏质量的代价是：由于服务不好，需要立即纠正、重新服务，这样，就增加了额外的服务成本，包括产品原材料、员工服务时间的浪费，以及因服务不好导致顾客流失而带来的经济损失。争取好的质量也是需要付出代价的，如员工培训成本、事故预防所支付的费用等。当然，好的质量会给咖啡馆带来许多收益，如咖啡馆可以增加回头客，增加收益，员工可以得到小费等。

四、咖啡馆产品与服务质量控制的概念及意义

（一）咖啡馆产品与服务质量控制的概念

咖啡馆产品与服务质量控制是指咖啡馆为向顾客提供在使用价值上适合和满足顾客物质和心理需要的产品与服务而进行的控制。

这里的“产品与服务”包含向顾客提供的有形产品和无形产品。咖啡馆提供的产品与服务既要满足顾客生活的基本需要，即物质上的需求，还要满足顾客的心理需要，即精神上的需求。而所谓适合，是指向顾客提供的服务的使用价值能否为顾客接受和喜爱。所谓满足，是指该种使用价值能否为顾客带来身心愉悦和享受。

因此，咖啡馆产品与服务的使用价值适合和满足顾客需要的程度的高低体现了咖啡馆产品与服务质量的优劣。适合和满足宾客的程度越高，产品与服务质量就越好；反之，产品与服务质量就越差。

（二）咖啡馆产品与服务质量控制的意义

产品与服务质量是咖啡馆的生命。任何咖啡馆都要以产品与服务质量求生存，以产品与服务质量求信誉，以产品与服务质量占市场，以产品与服务质量赢效益。

对咖啡馆产品与服务质量进行控制，提高咖啡馆产品与服务质量，把精湛的咖啡制作技术与完美的服务技术有机地结合起来，是咖啡馆赢得信誉的根本所在。

1. 产品与服务质量是咖啡馆经营的生命线

咖啡馆的产品与服务直接面向消费者，产品与服务质量关系到咖啡馆的声誉的维护，关系到客源的增加，因而是咖啡馆经济效益好坏和经营成败的关键。这是当今咖啡行业特别重视服务质量的重要原因之一。

2. 产品与服务质量控制是咖啡馆竞争的需要

咖啡馆竞争包含着不同的方面和内容。它可以在地理位置、外观装饰、宣传广告方面进行，也可以在服务项目、产品促销、价格优惠等方面进行。但咖啡馆的竞争最终以质量竞争为主。谁能够为顾客提供全面的最佳服务，谁就能取得优势地位，谁就能招徕更多的顾客。

3. 产品与服务质量是评估咖啡馆管理水平的重要标志

咖啡馆经营管理是一项复杂细致的工作，服务员的劳动对象是人不是物，实物产品仅仅是联系咖啡馆和顾客的中介物，咖啡馆工作最终是人对人的服务。只有良好的服务才能招徕并留住顾客，而顾客是咖啡馆生存与发展的基础和条件。能为顾客提供优质服务的咖啡馆是成功的；反之，是失败的。因此，对咖啡馆产品与服务质量进行控制，提高产品与服务质量是咖啡馆经营管理的中心工作。要提高产品与服务质量，必须使管理的各种职能充分发挥作用并相互配合协调。可以说，产品与服务质量水平是咖啡馆管理水平的综合反映，从产品与服务质量的优劣表现，可以判断出经营者管理水平的高低。

五、咖啡馆产品与服务质量控制的方法

咖啡馆产品与服务质量控制的目标是使咖啡馆提供的每一项产品与服务都能令顾客满意。要想对咖啡馆产品与服务质量进行很好的控制，必须建立起量化控制体系，有了量化的标准，就有了考核评估的依据，然后就可以依据量化标准进行管理和控制。

（一）质量控制的基础

要进行有效的咖啡馆产品与服务质量控制，必须具备若干基本条件。

1. 建立产品与服务规程

咖啡馆产品与服务质量标准即产品与服务规程标准。产品与服务规程是咖啡馆产品与服务所应达到的规格、程序和标准。为了保证和提高产品与服务质量，我们应该把产品与服务规程视作工作人员应当遵守的准则和服务工作的内部法规。

在制定服务规程时，不能照搬其他咖啡馆的产品与服务程序，而应该在广泛吸取国内外咖啡馆先进管理经验、接待方式的基础上，紧密结合本咖啡馆大多数顾客的饮食习惯和本地的风味特点等，推出全新的产品与服务规范和程序。同时，要注重产品与服务规程的执行和控制，特别要注意抓好在提供产品与服务过程中的薄弱环节。要用产品与服务规程来统一各项产品与服务工作，使之达到产品与服务质量的标准化、产品与服务过程的程序化和产品与服务方式的规范化。

（1）标准化

标准化是指在向顾客提供各种具体产品与服务时所必须达到的标准。

①设施、设备的质量标准必须和咖啡馆的等级与规格相适应。

②产品质量标准必须和价值相吻合，体现质价相符的原则。

③服务质量标准必须以“宾客至上，服务第一”为基本出发点，作出具体规定。

制定标准是一项非常复杂的工作，主要有以下八个方面的内容：

①设备、设施质量标准。 ②产品质量标准。

③接待服务标准。 ④安全卫生标准。

⑤服务操作标准。 ⑥礼节、仪容标准。

⑦语言、动作标准。 ⑧工作效率标准。

（2）程序化

程序化是指接待服务工作的先后次序以标准化为基础，通过服务程序使各项服务工作有条不紊地进行。制定接待程序，应做好下列基础工作：

①要研究服务工作的客观规律，即在制定标准程序的同时，要分析各项工作的先后次序，使之形成一个整体。

②要考虑企业的人、财、物，尽量扬长避短。

③程序化是规范化而不是公式化，因此要有相对灵活性。

④分析顾客的风俗习惯和生活需求，根据不同接待对象和服务项目来制定服务程序。

⑤各项服务工作程序的制定和执行要有一个过程。

总之，服务程序的制定要以顾客感到舒适、方便、满意为原则，而不能仅以服务人员自己的方便、轻松为基点。因此，程序要经试行，并逐步修改使其完善，以达到科学合理、提高服务质量的目的。

（3）制度化

制度化是指用规章制度的形式把咖啡馆服务质量的一系列标准和程序固定下来，使之成为质量管理的重要组成部分。

咖啡馆制度分两种：一种是直接为宾客服务的各项规章制度，如咖啡馆产品检验制度，餐具更新、补充制度等。这些制度全面而具体地规定了各项服务工作必须遵循的准则，要求咖啡馆工作人员共同执行；另一种是间接为顾客服务的各项规章制度，如咖啡馆交接班制度、工作记录制度、客史档案制度、考勤制度等。这类规章制度主要用以维护劳动纪律、保证直接对顾客服务制度的贯彻执行。

2. 收集质量信息

咖啡馆管理人员应该知道服务的结果如何，即顾客对咖啡馆产品与服务是否感到满意，有何意见或建议等，从而采取改进服务、提高质量的措施。同时，应根据咖啡馆服务的目标和服务规程，通过巡视、定量抽查、统计报表、听取顾客意见等方式，来收集服务质量信息。

3. 抓好员工培训

咖啡馆之间竞争的实质是人才的竞争、员工素质的竞争。员工素质的高低对产品与服务质量的影响很大。很难想象，没有经过良好训练的员工能提供高质量的产品与服务。因此，新员工在上岗前，必须进行严格的基本功训练和业务知识培训，不允许未经职业技术培训、没有取得上岗资格的人上岗操作。对在职员工，必须利用淡季和空闲时间进行培训，以不断提高其业务技术、丰富其业务知识，最终达到提高员工素质和服务质量的目的，使企业竞争更具实力。

（二）产品与服务质量分析

1. 质量问题分析

质量问题分析是指通过计算服务质量信息中有关数据的构成比例，以了解咖啡馆目前存在的质量问题。其具体分析如下：

（1）收集质量问题信息

咖啡馆管理者应通过各种原始记录、质量信息报表、质量检查结果、顾客意见调查表、顾客投诉处理记录、质量考核表等方式多方收集现存的咖啡馆质量问题。

（2）信息的汇总、分类和计算

对收集到的质量问题信息进行汇总，并根据不同的内容将其分类，然后计算每类质量问题的构成比例。

（3）找出主要问题

根据计算出来的比例即可一目了然地掌握咖啡馆存在的产品与服务质量问题及其程度。

2. 质量问题原因分析

要解决质量问题，就必须分析质量问题产生的原因。在咖啡馆管理过程中，影响产品与服务质量的因素错综复杂，应对存在的质量问题及其产生原因进行系统的整理分析。其分析过程如下：

①找出现存的质量问题。

②通过讨论分析找出产生问题的各种原因。应从大到小，从粗到细，追根溯源，直到能采取具体措施为止。

③罗列找到的各种原因，并找出主要原因。

3. PDCA 管理循环

找出了产品与服务质量问题，分析了产生质量问题的原因，下一步就该寻求解决问题的措施与方法。这就需要运用 PDCA 管理循环。

PDCA 即计划（Plan）、实施（Do）、检查（Check）、处理（Action）的英文简称。

① P（Plan）——计划。包括方针和目标的确定以及活动计划的制订。

② D（Do）——实施。即具体运作，实现计划中的内容。

③ C（Check）——检查。即总结计划执行的结果，分清哪些对了，哪些错了，明确效果，找出问题。

④ A（Action）——处理（或行动）。对总结检查的结果进行处理，对于成功的经验要加以肯定，并予以标准化，或制定作业指导书，便于以后工作时遵循；对于失败的教训也要总结，以免重现。对于没有解决的问题，应在下一个 PDCA 循环中去解决。

PDCA 管理循环是指按计划、实施、检查、处理这四个阶段进行管理，并循环不止地进行下去的一种科学管理方法。PDCA 循环转动的过程，就是质量管理活动开展和提高的过程。

PDCA 管理循环的工作程序分四个阶段：

（1）计划阶段

PDCA 管理循环的计划阶段的内容包括：分析服务质量现状，用圆形图找出存在的质量问题，进而用因果图分析产生质量问题的原因，然后找出影响质量问题的主要原因，最后提出解决质量问题的质量管理计划，即应达到的目标及实现目标的措施方法。

（2）实施阶段

即咖啡馆管理者组织班组或员工具体地实施质量管理计划所规定的目标。

（3）检查阶段

咖啡馆管理者应认真、仔细地检查计划的实施效果，并与计划目标进行对比分析，看是否存在质量差异，是正偏差还是负偏差。

（4）处理阶段

即总结成功的管理经验，使之标准化，或编入服务规程，或形成管理制度加以推广应用。同时，吸取失败的教训，提出本轮 PDCA 循环悬而未决的问题，自动转入下一循环的第一步，并开始新一轮的 PDCA 管理循环。

4. 产品与服务质量的反馈控制

所谓反馈控制，就是通过质量信息的反馈，找出服务工作在准备阶段和执行阶段的不足，采取措施加强预先控制和现场控制，提高服务质量，使顾客更加满意。

信息反馈系统由内部系统和外部系统构成。内部系统是指信息来自服务员和店长等有关人员。因此，每日营业结束后，应召开简短的总结会，以不断改进产品与服务质量。信息反馈的外部系统，是指信息来自顾客。为了及时得到顾客的意见，咖啡馆可放置顾客意见表，也可在顾客消费完后主动征求顾客意见。顾客当面反馈回来的投诉，属于强反馈，应予高度重视，保证以后不再发生类似的质量偏差。

只有建立和健全两个信息反馈系统，咖啡馆产品与服务质量才能不断提高，更好地满足顾客的需求。

● 实训任务

在附近找一家咖啡馆，通过观察或者访问的方法，查找这家咖啡馆在产品与服务质量上存在的一两个问题，并使用 PDCA 循环管理方法试图解决这些问题，完成下表。

咖啡馆产品与服务质量改进记录表

<table>
<tr><td>咖啡馆名称</td><td colspan="3"></td></tr>
<tr><td rowspan="3">发现的产品与服务质量问题</td><td>日期</td><td></td><td></td></tr>
<tr><td></td><td></td><td></td></tr>
<tr><td></td><td></td><td></td></tr>
<tr><td>问题原因分析</td><td colspan="3"></td></tr>
<tr><td>预期解决目标</td><td colspan="3"></td></tr>
</table>

（续上表）

计划（Plan）	实施（Do）
检查（Check）	处理（Action）

项目六

咖啡馆财务管理

项目总述

在咖啡馆经济活动中，从筹资到采购，再到加工和销售，最后到资金回笼，这一过程始终离不开财务管理。咖啡馆财务管理贯穿于咖啡馆经营业务活动的全过程及各个方面，它不仅要全面反映咖啡馆的经营状况，又要利用本身特有的职能与手段促进、控制和监督咖啡馆的经济活动，保证咖啡馆预期经营目标的实现。

任务一 咖啡馆财务管理概述

● 课堂活动

一、课堂活动描述

在咖啡馆经营管理中，许多经营管理者都很清楚产品与服务对咖啡馆的经营来说是非常重要的，但是他们当中的许多人却忽视了，咖啡馆的财务管理对咖啡馆经营管理来说也是非常重要的一点。这节课将让同学对咖啡馆财务管理基础知识有一定的了解，进而再学习如何对咖啡馆财务进行管理控制。

二、课堂活动实施

步骤 1：结合自己的经验谈一谈，你觉得咖啡馆财务管理的主要任务有哪些？

步骤 2：结合自己的经验，你觉得咖啡馆财务管理的主要内容是什么？

步骤 3：假设你是一家咖啡馆的经营管理者，谈谈你在咖啡馆财务管理上有什么更好的管理方法。

步骤 4：对以上三个问题做一次总结，向全班同学介绍你们分析的结果。

三、任务评价（评价计分表如下）

组别	姓名	财务管理任务描述（25 分）	主要管理内容描述（25 分）	财务管理方法描述（25 分）	总结与汇报成果（25 分）	总分

● 理论加油站

一、咖啡馆财务管理的概念

咖啡馆财务管理是指根据客观经济规律和国家政策法规，利用货币价值形式，为组织咖啡馆财务活动和处理咖啡馆财务关系所进行的综合性管理活动。

咖啡馆财务的本质是咖啡馆经营过程中的资金运动及其所体现的经济关系。这些关系涉及咖啡馆经营管理的方方面面：一是咖啡馆与国家之间的经济关系，这种关系主要表现在咖啡馆取得资金和上缴利润及税金；二是咖啡馆与其他企业之间的经济关系，这种关系主要表现在咖啡馆与其他企业相互提供产品和劳务而发生的资金结算，以及咖啡馆与其他企业因为联营而产生的利润分配；三是咖啡馆内部的经济核算和分配关系，主要体现于咖啡馆与员工之间的经济关系；四是咖啡馆与顾客之间的货币结算关系。在处理上述各种经济关系的过程中，咖啡馆财务皆要进行计价、记账、付款、结算，以保证咖啡馆的各种经济活动按照经济规律正常进行。同时，通过一系列会计核算、会计分析、会计监督及财务预算等财务管理特有的方法，确保咖啡馆经济效益的实现。

二、咖啡馆财务管理的任务

咖啡馆财务管理是咖啡馆管理的一个重要方面，是从价值上对咖啡馆经营活动进行的一种综合性管理，是为咖啡馆经营活动服务的。因此，咖啡馆财务管理的主要任务是围绕咖啡馆经营目标，研究和掌握资金运动的规律，从而提高资金利用效果，降低成本与费用，提高咖啡馆经济效益。具体包括以下几个方面：

（一）做好资金筹措，编制财务预算，保证满足咖啡馆经营活动的需要

财务管理应围绕咖啡馆的经营目标，结合咖啡馆的实际情况，正确地预测完成经营任务所必需的资金数量，以便从不同渠道筹集资金，满足经营活动的需要。同时，要研究内部筹措和外部引进两种不同的资金来源渠道，比较两种渠道的优劣，努力降低资金成本。为了提高资金的使用效率，必须根据不同的经营情况，做好财务预算和财务收支计划，以满足日常经营活动的资金需要。

（二）加强资金管理，合理分配资金，提升资金使用效率

咖啡馆有了资金，不能无节制地任意使用，必须加强资金的日常管理。为了合理分配和使用资金，咖啡馆财务首先必须明确预期科学、合理的成本消耗，核定其资金需求量，根据需要分配资金。其次，要建立一套严格的管理制度，杜绝一切人为浪费，力争以尽可能少的资金实现尽可能多的利润。对于咖啡馆日常营运所必需的资金，咖啡馆财务要设法保证供给，对于非必需的资金要求，要严格控制不予分配，把有限的资金用在刀刃上，充分利用现有设施设备，加速资金周转，降低成本费用开支，提升资金使用效率。同时，对经营中存在的资金问题，应及时反映和控制，保证咖啡馆正常经营，并取得预期经济效益。

（三）保证财务成果，合理分配咖啡馆利润

要按照国家有关制度的规定，正确地核算成本开支范围，及时缴纳各项税金，按规定的顺序合理分配咖啡馆利润，处理好各种经济关系。咖啡馆应在保证咖啡馆收入及利润的情况下，按规定完成上缴利润和税金等各项义务。应加强对结算资金的管理，及时结算并收回各项收入，缩短应收账款的周期，维护财务成果的完整性，并按计划支出费用或节约耗费，以完成计划利润和利税解缴任务。

三、咖啡馆财务管理的内容

（一）成本与费用管理

成本与费用管理主要是对咖啡馆成本与费用的开支标准、开支项目、开支范围的管理。由于成本与费用是经营活动中发生的各种资金耗费，因此对成本与费用的管理也就是对资金耗费的管理。

（二）资产管理、营业收入和利润的管理

各项资产管理，主要包括对流动资产、固定资产、无形资产及其他资产的管理。营业收入和利润的管理主要是对咖啡馆收入的实现及其分配进行的管理。咖啡馆获得营业收入，收回货币资金，补偿经营中的各项耗费，并进行利润的分配。由此可见，营业收入和利润的管理也就是对资金收回、补偿、分配和积累的管理。

（三）财务分析

财务分析主要是通过财务报表对咖啡馆经营活动及其所取得的财务成果进行考核、分析和评价。

四、咖啡馆财务管理的方法

财务管理的方法指用来组织、指挥、协调、监督和控制财务活动，正确处理财务关系，以完成财务管理任务的手段与方式。财务预测、财务决策、财务计划、财务控制、财务分析等是主要的财务管理方法。

（一）进行财务预测

财务预测是指根据财务活动的历史资料，结合现实的要求和条件，对咖啡馆未来的财务活动和财务成果进行科学预计与测算的活动。一方面，科学、客观的财务预测是咖啡馆计划管理的依据。咖啡馆在制订财务计划之前，要对各项指标进行预测，以保证计划的科学性、可行性；另一方面，科学、客观的财务预测是咖啡馆财务决策的基础。财务预测所提供的资料为制定准确的财务决策创造了条件，而财务决策又是整个企业经营决策的核心因素，所以，做好财务预测也是保证咖啡馆经营决策科学化的基础。

（二）制定财务决策

决策是指人们为实现一定的目标，借助科学的理论和方法，进行必要的计算、分析和判断，进而从可供选择的诸多方案中，选取相对满意的方案的过程。决策关乎咖啡馆未来的发展和兴衰成败，是咖啡馆管理的核心内容与关键所在。咖啡馆财务决策的内容主要包括筹资决策、投资决策、成本费用控制决策和利益分配决策等方面。

（三）编制财务预算

在财务预测的基础上编制财务预算，是财务管理的重要手段之一。编制客观合理的财务预算对咖啡馆财务管理和业务经营具有重要作用。

①财务预算是咖啡馆经营管理的财务目标。

②财务预算是咖啡馆控制财务活动，分析、检查财务成果的依据。

③财务预算有助于对资金进行合理使用与管理，以保证咖啡馆经营活动对资金的合理需求，提高资金使用效率。

（四）加强财务控制

财务控制是指根据财务预算指标和各项定额要求，对资金的收入、支出、占用、耗费等情况进行计算和审核，找出差异，采取措施，以保证预算指标实现的一系列财务活动。

（五）开展财务分析

财务分析是指根据会计核算资料，对咖啡馆财务活动的过程及结果进行分析比较，对预算完成情况与财务状况作出评价，提出改进措施的管理活动。财务分析对于提高咖啡馆的经营效率及经营成果，促进经营决策的科学性具有重要意义。

实训任务

运用学过的相关知识，采访多名咖啡馆店长并完成下表的填写，记录下他们在咖啡馆财务管理方面的管理方法，并判断这些方法在咖啡馆财务管理上的实用性。

咖啡馆财务管理方法采访汇总表

序号	咖啡馆名称	店长姓名	财务管理方法	实用指数（5星）
1				☆☆☆☆☆
2				☆☆☆☆☆
3				☆☆☆☆☆
4				☆☆☆☆☆
5				☆☆☆☆☆

任务二　咖啡馆成本费用管理

● 课堂活动

一、课堂活动描述

成本费用管理是每个企业都必须面对的问题，在咖啡馆经营管理中也是一样的。为了取得良好的经济效益，咖啡馆除了要不断改变自身以适应环境，推出优质产品与服务，迎合目标市场之外，还必须从自身出发，严格控制成本费用。因此，这节课我们来学习咖啡馆成本费用的管理方法。

二、课堂活动实施

步骤 1：根据自己的认识，谈一谈构成咖啡馆的成本费用有哪些。

步骤 2：根据自己的认识，谈谈咖啡馆在成本费用控制上有哪些方法。

步骤 3：假设你是一家咖啡馆的经营管理者，在咖啡馆成本费用上应该怎样管理？

步骤 4：对以上三个问题做一次总结，向全班同学介绍你们分析的结果。

三、任务评价 （评价计分表如下）

组别	姓名	成本费用构成描述（25 分）	成本费用控制方法描述（25 分）	成本费用管理描述（25 分）	总结与汇报成果（25 分）	总分

● 理论加油站

成本费用管理是咖啡馆财务管理的重要内容之一，咖啡馆经营活动的一切支出最终都要从成本费用上得到反映。成本费用是制定价格的基础，是咖啡馆经营决策的重要依据，成本费用管理的高低将直接影响咖啡馆的经济利润。因此，加强成本费用管理对咖啡馆具有重要意义。

一、咖啡馆成本费用的含义和构成

在我国，“费用”“成本”两个概念是不加区分的，咖啡馆成本费用是指咖啡馆在一定营业时期内所发生的各种费用的支出总和，是咖啡馆在经营业务过程中所耗费的全部物化劳动和活劳动的货币形式。

按照经济内容划分，成本费用包括营业成本、营业费用、管理费用等类型。

（一）营业成本

营业成本是指咖啡馆在经营过程中发生的各项直接支出。

（1）产品成本

制作产品饮料所耗用的原材料、配料、调料等成本。

（2）商品成本

咖啡馆代理销售商品的进价成本。

（3）耗材成本

员工学习、练习过程中耗用的用品、用料的成本。

（4）其他营业项目所支付的直接成本

（二）营业费用

营业费用是指各营业部门在经营销售过程中发生的各项费用，包括运输费、花草维护费、保管费、燃料费、水电费、广告宣传费、清洁卫生费、低值易耗品摊销、物料消耗、经营人员的工资、员工福利费、工作餐费、服装费等。

（三）管理费用

管理费用是指咖啡馆为组织和管理经营活动而发生的费用及由耗材成本统一负担的费用，如管理人员的工资费用、办公费用等。

二、咖啡馆成本费用管理的原则

（一）按权责发生制原则严格咖啡馆成本费用的核算

权责发生制是以应收应付为标准来计算确定本期收益和费用的一种方法。按照权责发生制的要求，凡应属于本期的费用，不论是否实际付出，均应作为本期的费用处理；凡不属于本期的费用，即使本期已经实际付出，均不应作为本期的费用处理。因为权责发生制强调在各会计期内收支相配合的原则，所以对正确确定各期的收支、损益状况，提供准确的分析数据有着重要作用。

（二）建立成本控制系统，强化成本预算约束，推行质量成本控制办法，实行成本定额管理、全员管理和全过程控制

咖啡馆成本与咖啡馆利润有着紧密联系，好的成本管理意味着好的经济利润，而咖啡馆成本是在整个经营管理过程中逐步形成的，涉及每个班组和个人，因此必须建立成本控制系统，强化成本预算约束，推行质量成本控制办法，实行成本定额、全员管理和全过程管理。

（三）正确处理降低成本与保证质量的关系

降低成本并非降低质量，而是要在不影响产品质量的前提下，通过一系列管理手段和技术手段，减少浪费，避免不必要支出，从而降低单位成本。如果不顾咖啡馆产品与服务的质量，而单纯以降低成本支出为目的，即使成本降下来了，也失去了降低成本的实际意义。以低劣产品和劣质服务换来的成本下降对咖啡馆而言是得不偿失的。

三、咖啡馆产品成本费用的日常控制

成本费用控制是指按照成本费用管理制度和预算的要求，对成本费用形成过程中的每一个具体环节进行审核和监督，以达到降低成本、减少浪费、提高经营效益的目的。咖啡馆的产品成本支出是咖啡馆成本费用的一个重要部分，而且这部分费用在控制上具有更大的弹性与灵活性，因此，制定有效的产品成本管理制度，抓好产品成本控制，对于降低成本、减少浪费、提高咖啡馆经济效益具有重要意义。

咖啡馆产品成本包括产品直接成本和产品费用两部分。

（一）产品直接成本的控制

产品直接成本主要指制作咖啡、其他饮品和其他食品的原材料、配料、调料的消耗。

产品直接成本的高低与毛利率的高低有关。毛利率是毛利与营业收入之比，其公式如下：

$$毛利率=毛利/营业收入\times 100\%$$

毛利是咖啡馆的收入与直接成本之差。毛利是利润的基础，毛利率表明毛利在营业收入中所占比重的大小。毛利率越高，成本越低；反之，毛利率越低，成本越高。

加强产品直接成本控制，就是要提高毛利率。可从以下两方面着手：

①加强对原材料采购环节的监督和控制。咖啡馆成本控制的好坏在很大程度上取决于对采购环节的控制，只有按要求采购到物美价廉的合格材料，才能提高成货率，即提高原材料的利用率，从而降低单位成本，提高毛利率，增大毛利额。所以，对原材料采购要严格检查，层层把关，在保证质量的前提下，降低采购成本，增加盈利。

②严格实行定额管理。为了控制咖啡馆成本的支出，同时又不侵犯顾客的利益，咖啡馆的产品用料都有严格的配方，对不同规格的产品，制定出用料定额，并根据不同的加成率，计算出成本及售价，作为控制成本的依据。

（二）产品费用的控制

产品生产的营业费用包括人工费、经营用品费、水电燃料费及其他费用。

①加强器具的控制和管理，降低杯具损耗率，定期清查盘存，实行奖惩制

度，员工损坏器具要予以处罚，对控制损耗有突出贡献的班组，则给予奖励，从而培养员工爱护器具、降低损耗的意识。

②确定合理的储备定额，减少仓储费用，减少资金占用。

③加强库存商品保管工作，降低食品商品的自然损耗率，防止商品霉烂、变质、变形造成的报废或贬值。

● 实训任务

实训任务一：到附近的咖啡馆，参照该店咖啡饮品的种类与售价，结合自己的知识，估算该店咖啡饮品的成本及毛利，并填写下表。

咖啡馆咖啡饮品成本及毛利估算表

单位：　元

咖啡饮品	售价	所必须用到的物料及成本					成本	毛利

实训任务二：在估算完一家咖啡馆的咖啡饮品成本与毛利之后，尝试根据当地成本水平估计这家咖啡馆的营业成本与费用，并填写下表。

咖啡馆营业成本与费用估算表

单位：　元

营业成本与费用项目	营业成本与费用明细	估算费用	各项目总费用	总费用	备注
营业成本	产品成本				
	商品成本				
	耗材成本				
	其他营业项目所支付的直接成本				
营业费用	花草维护费				
	燃料费				
	水电费				
	广告宣传费				
	清洁卫生费				
	物料消耗				
	经营人员的工资				
	员工福利费				
	工作餐费				
	服装费				
管理费用	管理人员的工资				
	办公费用				

实训任务三：根据实训任务二的内容，在下框内估算这家咖啡馆一个月的保本营业额。

任务三 咖啡馆资产、营业收入和利润管理

● 课堂活动

一、课堂活动描述

当咖啡馆收入大于支出时，就会有利润产生。作为咖啡馆的经营管理者，应该如何管理好营业收入与利润分配，使咖啡馆更健康、更长远地发展，是一门学问。所以，这节课我们来探讨如何对咖啡馆的营业收入和利润进行管理。

二、课堂活动实施

步骤1：如果你是一家咖啡馆的经营管理者，请问你将如何管理咖啡馆的营业收入？

步骤2：如果你是一家咖啡馆的经营管理者，请问你会对咖啡馆的利润如何分配？

步骤3：假如你是一家咖啡馆的经营管理者，你可以清楚地写出咖啡馆净利润的详细计算方式吗？

步骤4：对以上三个问题做一次总结，向全班同学介绍你们分析的结果。

三、任务评价（评价计分表如下）

组别	姓名	营业收入管理描述（25分）	利润分配描述（25分）	净利润计算方法描述（25分）	总结与汇报成果（25分）	总分

● 理论加油站

一、咖啡馆资产管理

资产是指企业拥有或控制的能以货币计量并能为企业提供经济效益的经济资源。咖啡馆的资产管理主要包括以下几个方面。

（一）咖啡馆存货资产管理

存货指企业在生产经营过程中为销售或者耗用所储存的各项资产。咖啡馆存货包括各种原材料、物料用品、低值易耗品等。存货是咖啡馆经营活动顺利进行的物质保障。存货过多或过少都不利于经营活动的开展，存货过多会造成资金积压，减缓资金周转速度；存货过少会坐失销售良机。因此，加强存货管理，以尽可能小的成本支出保持最佳存货水平，是流动资产管理的重要内容之一。

为加强存货日常管理，应注意采取以下措施：

①建立健全存货采购制度和质量验收制度，完善存货采购价格的监督制度，选择合理的订货方法，尽量以最低的成本达到最佳水平的采购。

②建立健全存货的收发核算制度，对存货进行正确的核算和计价，选择适当的存货发出方式，保证收入与成本相匹配。

③完善存货的定期盘存制度和清理制度，保证存货账卡、账物相符，减少损耗，提高存货管理效率。

④完善低值易耗品摊销办法，选择合理的领用和摊销方式，简化核算手续，加强对低值易耗品的管理，使低值易耗品的存货更加符合客观实际。

⑤制定严格的生产现场存货管理制度，落实专人管理，做好生产现场存货的使用、保管、检查、监督和管理工作。

（二）咖啡馆固定资产管理

1. 建立健全咖啡馆固定资产管理责任制

固定资产管理责任制，就是根据管用结合的原则，把管理权限和责任下放到各使用部门，并落实到班组和个人，纳入岗位责任制中，使各部门使用的固定资产都有专人负责管理。实施固定资产管理责任制，应明确各部门职责，包括工程部门、使用保管部门和财务部门，做到责任到人，管理定位。其中，财务部门对固定资产管理负有总责。

2. 建立固定资产的账目体系，实行财产编号

财务部门应建立三级账，即总账、分类账和每类的单项账。各使用部门建立部门保管账，反映部门固定资产的增减变动情况；建立固定资产保管卡，由专人发放。

3. 建立固定资产定期清查制度

通过定期盘点清查，保证账账相符、账卡相符、账物相符。对清查出来的盘盈、盘亏及毁损，要查明原因，按财务规定及时处理；对因责任事故造成的财产损失要追究责任人的经济责任。

4. 做好固定资产的维修保养，提高固定资产的完好率与利用率，延长固定资产的使用寿命

有针对性地采用日常维修、定期维修和重点维修等方式，做好固定资产的维修；对发生故障的固定资产要及时进行维修。改变“重修理、轻维护”的错误观念，重视固定资产的日常保养，以提高固定资产的完好率和利用率，延长固定资产的使用寿命，从而降低成本，提高资金使用效率。

5. 实行制度化管理，出台一系列固定资产管理制度

为加强固定资产管理，提高资金利用效益，咖啡馆应实行固定资产制度化管理，出台一系列固定资产管理制度。如固定资产投资管理制度、集中采购制度、日常管理与维修保养制度、处置管理制度、核算制度与内部考核制度等，加强咖

啡馆固定资产事前、事中、事后各环节的控制与监督。

（三）咖啡馆无形资产管理

咖啡馆无形资产指咖啡馆拥有或控制的没有实物形态的长期资产。咖啡馆财务部门对无形资产的日常传统管理主要表现在对无形资产的计价和摊销的管理上。咖啡馆无形资产的计价与摊销应以财务制度的具体要求和相关标准来进行。

二、咖啡馆营业收入管理

（一）咖啡馆营业收入的概念

咖啡馆营业收入是指咖啡馆在销售产品、提供服务及组织聚会活动等日常活动中所形成的经济利益的总流入，包括主营业务收入和其他业务收入。咖啡馆营业收入包括因提供饮料、销售辅食小吃、组织聚会活动及其他服务项目所取得的收入。

（二）咖啡馆营业收入的管理方法

咖啡馆营业收入是咖啡馆经济效益的基本指标之一，是咖啡馆财务管理的一个重要方面。营业收入的多少决定了咖啡馆利润的多少，也反映出咖啡馆的经营规模和水平。加强对咖啡馆营业收入的管理，使营业收入及时得到收回，对于保证资金的正常循环与周转，使经营活动得以连续不断地进行，实现预期的经济利益目标具有重要意义。咖啡馆营业收入管理主要有以下几个方面。

1. 制订营业收入计划

营业收入计划是咖啡馆财务计划的一部分。营业收入计划包括年度收入计划和月计划。营业收入计划是在综合咖啡馆各类产品的经营情况的基础上，根据市场情况而制订的。

2. 正确核算营业收入

营业收入核算的正确与否直接关系到盈利的准确性。按照规定，咖啡馆应采用权责发生制来核算营业收入。咖啡馆应当在服务已提供、产品已发出，同时收讫价款或取得价款权利证据时，确认营业收入的实现。营业收入按实际价款进行核算，当期发生的销售折扣、销售退回及折让，应当冲减当期营业收入。

3. 明确制定价格，及时办理结算，尽快收回营业收入

咖啡馆组织聚餐等活动项目时，应按照咖啡馆档次、规格，参考行业及地方标准，明确制定各种产品和服务的价格，明码标价。咖啡馆组织聚餐等活动的收入主要有预收、现收和事后结算三种情况。预收，即在提供产品和服务之前，预先全部或部分收取费用。现收，即在客人享受产品和服务时收取费用。事后结算属于应收账款，即在向客人提供产品和服务后，一次性或定期地进行结算，这种

形式常常在协议单位之间进行。收费方式不同，具体的管理方式也不同，特别是要加强对事后结算收费方式的管理，及时办理结算，尽快收回营业收入。对结算期过长的款项，要尽快回收资金，减少资金占用；同时，减少坏账损失。

三、咖啡馆利润管理

（一）咖啡馆利润的概念

咖啡馆利润是指咖啡馆在一定会计期间内的经营成果，包括营业利润、利润总额和净利润。

1. 营业利润

营业利润是指咖啡馆在一定时期内从事各种经营业务所实现的利润，为营业收入减去营业成本、营业费用、营业税金、管理费用、财务费用后的净额。其公式为：

营业利润 = 营业收入 − 营业成本 − 营业费用 − 营业税金及附加 − 管理费用 − 财务费用

2. 利润总额

利润总额是指咖啡馆在一定时期内所实现的全部利润，也称税前会计利润，由营业利润、营业外收支净额组成。其公式为：

利润总额 = 营业利润 + 营业外收入 − 营业外支出

3. 净利润

净利润是指咖啡馆本期利润总额扣除应负担的所得税后的利润净额，也称税后会计利润。其公式为：

净利润 = 利润总额 − 所得税

（二）咖啡馆利润的管理

利润是咖啡馆经济活动效率与效益的综合表现，是衡量咖啡馆经营成果和经济效益的综合尺度，并关系到咖啡馆未来的经营与发展。加强咖啡馆利润管理，要注意以下几个要点。

1. 加强管理，降低成本，增加收入和利润

咖啡馆的营业利润是营业收入减去成本费用、营业税金、管理费和财务费用后的余额，提高利润必须从增加营业收入和降低成本费用入手。所以，应在充分满足顾客需求、保障顾客权益的情况下，加强管理，降低成本，从而增加收入和利润。

2. 严格核算，保证利润的实现

实现的利润要准确及时转入利润账户，及时作出账务处理。利润要按月、季、年及时反映。

3. 保持利润相对均衡，做好利润分配

保持利润相对均衡，注意以丰补歉，以盈补亏；利润分配要按照投资者的协议，进行合理分配。

（三）咖啡馆利润分配

利润分配是指将可供分配的利润按照规定的分配顺序，在咖啡馆与投资者之间进行的划分。利润分配不仅关系到咖啡馆投资者投资目的的实现程度，也关系到咖啡馆未来的发展及员工个人的切身利益。因此，利润分配的合理性，对投资者、咖啡馆和员工个人都具有重要意义。

实训任务

实训任务一：找两三家你熟悉的咖啡馆，在一个星期内选择三个时间段（一天是生意最火的，一天是生意最淡的，一天是生意平淡的）分别对这两三家咖啡馆的人数与消费水平做一个粗略的统计，估算这几家咖啡馆的月营业额，并填写下表。

咖啡馆月营业额估算表

单位：　元

<table>
<tr><th>咖啡馆名称</th><th>时间段</th><th>消费人数</th><th>平均消费额</th><th>总额</th><th>平均营业额</th><th>估算月营业额</th></tr>
<tr><td rowspan="3"></td><td>最火的一天</td><td></td><td></td><td></td><td rowspan="3"></td><td rowspan="3"></td></tr>
<tr><td>最淡的一天</td><td></td><td></td><td></td></tr>
<tr><td>平淡的一天</td><td></td><td></td><td></td></tr>
<tr><td rowspan="3"></td><td>最火的一天</td><td></td><td></td><td></td><td rowspan="3"></td><td rowspan="3"></td></tr>
<tr><td>最淡的一天</td><td></td><td></td><td></td></tr>
<tr><td>平淡的一天</td><td></td><td></td><td></td></tr>
</table>

（续上表）

咖啡馆名称	时间段	消费人数	平均消费额	总额	平均营业额	估算月营业额
	最火的一天					
	最淡的一天					
	平淡的一天					

实训任务二：以一家咖啡馆为例，估算完它的营业成本与月营业额，接下来在下框内估算出这家咖啡馆的营业利润。

任务四 咖啡馆财务分析

● 课堂活动

一、课堂活动描述

财务分析是指以财务报告和其他相关的资料为依据和起点，采用专门方法，系统分析和评价企业过去和现在的经营成果、财务状况及其变动的一种方法，目的是了解过去、评价现在、预测未来，帮助企业改善决策。所以，作为一名咖啡馆经营管理者，学习咖啡馆财务分析是一项很重要的技能。

二、课堂活动实施

步骤 1：为什么咖啡馆要进行财务分析？是必需的吗？

步骤 2：根据自己的认识，说说财务分析有哪些工具。

步骤 3：在财务分析的工具里，它们有着什么样的关系？

步骤 4：对以上三个问题做一次总结，向全班同学介绍你们分析的结果。

三、任务评价（评价计分表如下）

组别	姓名	财务分析原因描述（25分）	财务分析工具描述（25分）	三样分析工具关系描述（25分）	总结与汇报成果（25分）	总分

● 理论加油站

一、咖啡馆财务分析的概念

咖啡馆财务分析是以咖啡馆财务核算资料为主要依据，运用特定的分析方法，对咖啡馆一定时期内的经营活动及财务成果进行研究，从而判断咖啡馆的财务状况与偿债能力、经营成果与获利能力，预测咖啡馆未来的发展趋势，为作出正确经营决策提供依据的财务活动。财务分析是咖啡馆财务管理的重要内容之一，对于提升咖啡馆经营效率及经营成果，促进决策的科学性具有重要意义。

二、咖啡馆财务分析工具

进行咖啡馆财务分析需要依据财务核算资料，特别是离不开财务报表。咖啡馆基本财务报表包括资产负债表、利润表、现金流量表等。

（一）资产负债表

资产负债表是反映咖啡馆某一特定日期财务状况的财务报表，它是根据“资产 = 负债 + 所有者权益”的会计等式，按照一定的分类标准和一定的顺序，把咖啡馆在某一特定日期的资产、负债和所有者权益各项目予以适当排列，并对日常工作中形成的大量数据进行高度浓缩整理后编制而成的。它表明咖啡馆在某一特定日期所拥有或控制的经济资源、所承担的现有义务和所有者对净资产的要求权。

（二）利润表

利润表是反映咖啡馆一定期间内生产经营成果的财务报表。利润表把一定期间内的收入与其同一会计期间相关的费用进行配比，以计算出咖啡馆一定时期内的净利润（或净亏损）。通过利润表可以了解咖啡馆一定期间的收入、费用和利润（或亏损）的组成情况，并据以分析咖啡馆利润（或亏损）形成的情况及原因，衡量咖啡馆的赢利能力，评价咖啡馆的经济效益。

（三）现金流量表

现金流量表是反映咖啡馆一定会计期间内经营活动、投资活动及筹集活动中有关现金与现金等价物流入和流出信息的报表。现金流量表中的现金概念，是广义的现金概念，不仅包括咖啡馆的库存现金，而且包括可随时支用的银行存款、其他货币资金，以及易于转化成现金的现金等价物，现金流量对于咖啡馆的经营管理是非常重要的。

三、咖啡馆财务分析指标

（一）营运能力分析指标

营运能力是指通过与资产周转速度有关的指标来反映咖啡馆经营、管理和使用资产效率的能力。咖啡馆营运能力分析常用的指标主要有存货周转率、固定资产周转率、总资产周转率等。

1. 存货周转率

存货周转率表示一定时期内存货的更新次数，用于衡量咖啡馆存货营运效率。其计算公式为：

$$\text{存货周转率} = \text{营业成本}/\text{存货平均余额} \times 100\%$$

其中，

$$\text{存货平均余额} = (\text{期初存货余额} + \text{期末存货余额})/2$$

一般情况下，存货周转率越高，表明咖啡馆存货管理效率越佳，销售能力越强，存货从资金投入到销售回收的时间越短，获取的利润也就越多；反之，存货周转率过低，则表明咖啡馆的存货管理效率欠佳，存货积压过多，致使资金冻结在存货上。

存货的更新快慢也可以用存货周转天数表示，其计算公式为：

存货周转天数=365/存货周转率

存货周转天数也就是存货可出售天数。

2. 固定资产周转率

固定资产周转率是咖啡馆销售收入净额与固定资产平均净值之比，是用于衡量固定资产使用效率的指标。其计算公式为：

固定资产周转率=（销售收入净额/固定资产平均净值）×100%

其中，

固定资产平均净值=（期初固定资产净值+期末固定资产净值）/2

固定资产周转率高，不仅说明咖啡馆固定资产利用较充分，而且也表明咖啡馆固定资产投资得当、结构合理。

3. 总资产周转率

总资产周转率是咖啡馆销售收入净额与资产平均净值之比，可用来衡量咖啡馆在报告期内对其全部资产的使用效率。其计算公式为：

总资产周转率=（销售收入净额/资产平均净值）×100%

其中，

资产平均净值=（期初资产净值+期末资产净值）/2

如果总资产周转率高，说明全部资产经营效率好；反之，如果总资产周转率低，说明全部资产经营效率差，取得的销售收入也少。因此，这一指标的高低最终会影响咖啡馆的获利能力。

（二）获利能力分析指标

获利能力，即赢利能力，简而言之就是咖啡馆获取利润的能力。

1. 销售毛利率

销售收入净额扣除销售成本即为销售毛利。销售毛利率是销售毛利与销售收入净额对比的结果。其计算公式为：

$$销售毛利率 = 销售毛利/销售收入净额 \times 100\%$$

销售毛利率反映每元销售收入所提供的销售毛利为多少，可用来评价咖啡馆销售收入净额的获利能力。

2. 销售净利润率

销售净利润率又称为边际利润，是咖啡馆本期净利润与销售收入净额的比率。其计算公式为：

$$销售净利润率 = 净利润/销售收入净额 \times 100\%$$

销售净利润率反映每元销售收入净额所能产生的净利润，可以用来评价咖啡馆正常经营的利润质量。

● 实训任务

在任课教师的指导下，对一家咖啡馆的营运能力及获利能力进行分析，并完成下表的填写。

咖啡馆营业能力及获利能力分析表

财物分析指标		分析结果	得出结论
营业能力分析	存货周转率		
	固定资产周转率		
	总资产周转率		
获利能力分析	销售毛利率		
	销售净利率		

项目七

咖啡馆设备维修保养管理

项目总述

设备是咖啡馆经营的基本保障，是咖啡馆提供优质服务的先决物质条件。咖啡馆以设备为凭借，融合工作人员的技能劳动，为咖啡馆顾客提供优质的产品与服务。同时，在咖啡馆的经营管理中，设备的维护保养费用也往往是咖啡馆成本费用支出的一大部分。所以，咖啡馆设备维修保养管理是一个综合复杂的过程，直接影响咖啡馆各部门的正常运转。

● 课堂活动

一、课堂活动描述

我们都很清楚产品与服务对咖啡馆的经营来说是多么的重要，但是我们却对产品与服务质量管理的有关知识了解甚少，在这节课中，我们先让同学们对咖啡馆产品与服务质量管理的基础知识有一定的了解，进而再学习如何对咖啡馆产品与服务进行管理控制。

二、课堂活动实施

步骤1：请你大胆地估计，咖啡馆在设备维修保养上的费用大概会有多少。

步骤2：如果咖啡馆的设备坏了，需要维修，你能想到的处理方法有哪些？

步骤3：假设你是一家咖啡馆的经营管理者，你认为在咖啡馆设备维护保养上应该如何管理？

步骤4：对以上三个问题做一次总结，向全班同学介绍你们分析的结果。

三、任务评价（评价计分表如下）

组别	姓名	维护保养费用估计（25分）	维修方法处理描述（25分）	维护保养管理描述（25分）	总结与汇报成果（25分）	总分

● 理论加油站

随着咖啡馆的日常经营，咖啡馆的设备自然而然就会出现一定程度的损耗或者损坏，对于咖啡馆设备的维修与保养，咖啡馆的经营管理者应该提出一些科学合理的维修保养方法，因为只有对咖啡馆的设备进行充分利用，且懂得妥善使用，才能达到保养设备的目的，才能使咖啡馆设备的利用达到最大化，从而降低损耗，节约能源，最终达到降低咖啡馆经营成本的目的，使咖啡馆的利润最大化。

一、咖啡馆设备维修保养管理的重要性

咖啡馆设备维修保养管理是对咖啡馆的主要设备进行维护、检修、保护，使咖啡馆的设备可以正常使用的综合性管理，其能最大限度地发挥设备的综合效能。咖啡馆进行生产经营的目的，就是获取最大的经济效益，咖啡馆的一切经营管理活动也是紧紧围绕着提高经济效益这个中心进行的，设备管理是提高经济效益的基础。提高咖啡馆经济效益，简单地说，一方面是改进产品产量，提高劳动生产效益；另一方面是减少消耗，降低生产成本，在这一系列的管理活动中，咖啡馆设备管理占有特别突出的地位。

（一）提高产品质量，增加产量，设备是一个重要因素

加强咖啡馆设备维修保养管理是提高质量、增产增收的重要手段，因此咖啡馆必须加强设备维修保养管理以确保设备有良好的运转状态。对于新设备要充分

发挥其先进性能，保持高的设备利用率，预防和发现设备故障隐患，以创造更大的经济效益；对于老设备要通过技术改造和更新，改善和提高装备素质，增强设备性能，延长设备的使用寿命，从而达到提高效益的目的。

（二）提高劳动生产率，关键是要提高设备的生产效率

咖啡馆的产品生产基本都是围绕设备而展开的，要提高咖啡馆员工的工作效率，前提是要提高设备生产效率、减少设备故障、提高设备利用率。

（三）减少消耗、降低生产成本更是设备维修保养管理的主要内容

原材料的消耗大部分是在设备上实现的，设备状态不好会增大原材料消耗，如果出现废品，原材料浪费会更大。加强设备维修保养管理，提高设备运转效率，降低设备能耗是节约能源的重要手段，也是咖啡馆节能降耗永恒的主题。在设备运转过程中，为维护设备正常运转，本身也需要一定的物资消耗。设备一般都有常备的零部件、易损件，设备管理不好，零部件消耗大，设备维修费用支出就高。尤其是意式咖啡机，现在的咖啡馆基本都使用进口设备，零部件的维修费用更高。

二、咖啡馆设备的维修

（一）咖啡馆设备的维修方式

咖啡馆设备的维修方式可以分为：事后维修、预防维修和改善维修。

1. 事后维修

设备发生故障后或性能、精度降低到合格水平以下时所进行的修理称为事后维修。此时，设备已坏，损失已经发生。适用于利用率低、维修技术简单、能及时提供用机、实行预防性维修不合算的设备。

2. 预防维修

预防为主是咖啡馆设备维修管理工作的重要方针。预防维修有两种方法：

（1）定期维修

定期维修是按事先规定的计划和相应的技术要求所进行的维修活动，是一种以时间为基础的预防性维修方法，适用于已经掌握了磨损规律的设备。特点是事先确定修理的类别、修理的周期结构、制定修理的工艺、确定工作量，提出维修所需要的备件与材料计划。

（2）预知性维修

预知性维修是一种以设备技术状态为基础的预防性维修方法，它系统地分析设备的劣化程度，并在故障发生前有计划地进行针对性的维修，既能保证设备经常处于完好的状态，又能充分利用零件的寿命，所以比定期维修更为合理。

3. 改善维修

为改善和提高设备的功能，在条件许可的情况下，对设备进行改善性维修，可以提高设备的可靠性。

（二）咖啡馆设备的维修类别

咖啡馆设备的维修类别可以分为：小修、项修和大修。

1. 小修

设备小修是工作量最小的一种修理，对于实行定期维修的设备，小修主要是更换或修复在期间内失效或即将失效的零部件，并进行调整，以保证设备正常的工作能力。对于实行预知性维修的设备，小修的工作内容主要是针对日常点检和定期检查中发现的问题，拆卸、检查、更换或修复失效的零部件，以恢复设备的正常功能。

2. 项修

项修是根据咖啡馆设备的实际情况，对状态已经劣化到达不到生产要求的项目，按实际需要进行的有针对性的修理。项修时，一般要进行部分的拆卸、检查、更换或修复失效的零部件，从而恢复所修部分的性能和精度。

3. 大修

大修是咖啡馆设备维修中工作量最大的一种计划维修。大修时要对设备全部解体，修整所有基准件，修复或更换磨损、腐蚀、老化及丧失精度的零部件，使之达到规定的技术要求。大修的费用较高，且性能难以达到出厂时的技术标准，所以，大修要事先进行可行性分析。

（三）咖啡馆设备的维修形式

咖啡馆设备的维修形式有委托维修和自行维修。

1. 委托修理

咖啡馆的重要设备是咖啡馆设备管理的重点，委托修理是指咖啡馆把咖啡馆设备的修理工作委托给生产厂家或专业维修公司。这样可以减少咖啡馆的开支，且使设备得到专业的维修，所以，委托修理是咖啡馆设备维修的重要方式。

2. 自行修理

较多咖啡馆采用此种方式，在这种方式中最有特点的是万能维修制。咖啡馆设置万能工，目的就是对咖啡馆所有设备进行有计划的循环检查维修。另外，万能工还要承担咖啡馆的应急维修工作，因此对万能工的要求较高。

（四）培养员工的维修意识

生产力水平提高了，也必然要求劳动者有与之相适应的知识结构。因此，咖啡馆从业人员对咖啡馆设备方面的知识了解得越多，对咖啡馆的认识也就会越全面、越深刻，对咖啡馆工作也就越有积极的作用和影响。咖啡馆设备的门类虽然不多，但涉及许多学科的专业知识和技术，相关的书籍已有不少，所以应该对设备操作人员进行系统的、专门的设备操作技能培训，同时也应该让管理者意识到设备管理的重要性，制定规范的、一体化的设备管理和操作制度。

三、咖啡馆设备的保养

咖啡馆设备的保养是指人们为保持设备正常工作以及消除隐患而进行的一系列保护工作。咖啡馆设备的保养必须达到以下五项基本要求：整齐、清洁、润滑、安全、完好。

整齐——整齐体现了咖啡馆的管理水平和工作效率。

清洁——清洁为设备的正常运行创造了一个良好的环境。

润滑——润滑保证了设备的正常运转，提高了设备的使用寿命。

安全——安全是一切工作的出发点。

完好——设备完好是设备管理的目标。

咖啡馆设备保养按工作量大小可分为以下几种：

日常保养：重点对设备进行清洗、润滑、紧固及检查状况。由操作人员进行。

一级保养：普遍地进行清洗、润滑、紧固、检查，局部调整。由操作人员在专业维修人员指导下进行。

二级保养：对设备局部解体和检查，进行内部清洗、润滑。恢复和更换易损件。由专业维修人员在操作人员协助下进行。

三级保养：对设备主体进行彻底检查和调整，对主要零部件的磨损情况进行检查鉴定。由专业维修人员在操作人员配合下定期进行。

● 实训任务

以咖啡馆意式咖啡机为例，完成对意式咖啡机的保养工作，并完成下表。

咖啡机设备保养记录表

年　月　日　　编号________

设备名称		型号		保养检查人	
保养主要内容			保养类型	□ 日常保养 □ 周保养 □ 月保养	

序号	保养具体内容	是	否	备注说明
1（示例）	咖啡机机身清洁	√		已在开机前用湿抹布擦拭机身（使用清洁剂喷于湿抹布上再擦拭机身）
2	清理盛水盘			
3	清洗排水槽			
4	蒸煮头出水口			
5	清洁蒸汽棒			
6	保养锅炉			
7	清洁滤杯及滤杯手把			
8	冲泡系统清洗			
9	冲泡头滤网清洁			
10	过滤器的更换			
11	冲泡头密封圈清洗			

项目八

咖啡馆安全管理

项目总述

随着社会经济的发展，人们的收入水平不断提高，闲暇时间也不断增加，经常到咖啡馆消费已成为人们休闲生活的重要组成部分。人们在选择到咖啡馆消费时，安全往往也是必须考虑的最基本条件之一，安全问题同时也是咖啡馆实现可持续发展的根本保证。因此，安全管理也是咖啡馆的基本管理职能和重要任务之一。

● 课堂活动

一、课堂活动描述

我们都很清楚咖啡馆安全工作的好坏，不仅直接关系到咖啡馆的正常经营，而且会影响顾客的满意度和咖啡馆的经济效益、声誉及形象。

二、课堂活动实施

步骤 1：根据自己的经验，你认为在咖啡馆中影响产品质量的因素有哪些？

步骤 2：根据自己的经验，你认为在咖啡馆中影响服务质量的因素有哪些？

步骤 3：假设你是一家咖啡馆的经营管理者，你认为在咖啡馆产品与服务质量上应该如何管理、控制？

步骤 4：对以上三个问题做一次总结，向全班同学介绍你们分析的结果。

三、任务评价（评价计分表如下）

组别	姓名	产品质量问题描述（25 分）	服务质量问题描述（25 分）	产品与服务质量管理描述（25 分）	总结与汇报成果（25 分）	总分

● 理论加油站

一、咖啡馆安全管理的概念

咖啡馆安全是指在咖啡馆所控制的范围内保障顾客、咖啡馆及员工三方所涉及的人身、财产、物质、信息、名誉等方面的安全，以及所产生的没有危险的、不受任何威胁的、生理的、心理的安全环境。咖啡馆安全管理是指咖啡馆为了保障顾客、咖啡馆及员工三方的安全而进行的计划、组织、协调、控制与管理等一系列活动。咖啡馆安全是把咖啡馆各方面的安全因素作为一个整体加以反映，而不是单指咖啡馆某一方面的安全。

咖啡馆安全管理包括这样几层含义：一是对顾客人身、财产、声誉、消费过程等方面的安全保护与积极防范；二是对员工的劳动过程、职业健康、工作环境、劳动与待遇权利以及员工自身等方面的安全保护；三是对咖啡馆财产、经营秘诀、信息、声誉等方面的安全保护；四是对咖啡馆所在社区以及环境等方面的安全防护。

二、咖啡馆安全管理的内容及误区

（一）咖啡馆安全管理的内容

1. 有关顾客的安全管理

保障顾客的人身安全，使之不致受到侵害；保障顾客的财产安全，提供必要的贵重物品寄存服务以及房内保险箱；保障顾客的声誉安全，不得散布有关顾客的传言；保障顾客的消费过程安全，提供安全服务。

2. 有关员工的安全管理

保障员工在工作中获得合理报酬的权利；保障依照法律获得休假、加班，以及特殊休息等方面的权利；保障工作环境、职业健康等方面的安全以及人身、财产、声誉等方面的安全。

3. 咖啡馆的安全管理

咖啡馆的安全管理包括咖啡馆财产的安全管理，如防止偷盗、防止破坏等；咖啡馆的消防安全，最重要的是防止火灾；咖啡馆经营技术或秘诀的安全，如顾客信息资料、财务数据与资料、人力资源信息与资料、某特种产品生产技术、网络信息与资料等的安全。

（二）咖啡馆安全管理的误区

1. 思想认识误区

咖啡馆管理者对咖啡馆安全管理说得多，真正关注得少；制度可能健全，但检查落实缺乏；在各项管理中重视业务管理和其他管理，安全管理经常让路；对安全问题常麻痹大意，且存有侥幸心理。总的说来，存在轻视安全管理的误区。

2. 投入成本误区

由于只有基本的安全设施设备投入通过了政府有关部门的检查与验收，咖啡馆才能获得开业许可，所以咖啡馆对此还有所考虑，但在后期维护与更新改造中安全投入却往往被忽视。忽视的原因是认为这种投入没有直接收益，是成本的无效投入。因此减少相应投入，甚至不再投入，安全问题被等同于安全成本问题。

3. 管理目标误区

在安全管理目标上主要以“不出事”为原则，而不是积极进行安全预防。

4. 事故处理误区

一旦发生安全方面的事故，在处理时往往表现为不是积极主动地承担责任，更多的是强调客观原因、推诿、拖延；没有认真分析事故发生的原因及管理方面存在的问题，而是着重对相关人员进行处罚，以罚代管。

三、咖啡馆安全管理的工作方针和任务

（一）咖啡馆安全管理的工作方针

咖啡馆安全管理虽然不像酒店与饭店那样具有涉及范围广泛、影响因素众多、事故处理复杂等基本特点，但是安全的管理对咖啡馆来说也是非常重要的管理事项之一。因此，咖啡馆安全管理必须有明确的执行工作方针：坚持安全第

一、预防为主，保证重点、兼顾一般，主管负责、专群结合，确保顾客和咖啡馆人员的人身与财产安全，以促进咖啡馆各项业务经营活动的顺利开展。

（二）咖啡馆安全管理的工作任务

咖啡馆安全管理的任务是在建立健全安全机构、制度与落实咖啡馆安全管理规章制度和岗位责任制度的基础上，重点做好三个方面的工作：一是消防安全管理工作，它以消防与监控设施管理和火灾预防管理为主；二是安全管理防范工作，它以各种安全事故的预案制定、预防管理为主；三是安全事故处理工作，包括盗窃、火灾、食物中毒、顾客伤害等等。它必须在地方政府专业主管部门的归口管理的原则下，根据事故大小、轻重，区别不同情况来处理。

四、咖啡馆安全防范管理

安全防范管理是咖啡馆安全管理的中心工作之一。其目的是维护咖啡馆治安秩序，防止个别盗窃、诈骗、流氓滋事和扰乱社会治安的事件在咖啡馆发生，以确保顾客的人身和财产安全，从而保证咖啡馆各项业务的顺利开展。为此，要做好咖啡馆日常安全防范管理，重点要做好四个方面的工作：

①制定落实安全防范预案，防止事故发生。

②加强安全巡逻管理，消除事故苗头。

③做好安全防盗管理，维护财产安全。

④做好日常接待服务中的安全管理，预防事故发生。

五、咖啡馆安全事故处理

（一）咖啡馆安全事故的处理原则

咖啡馆安全管理是一项看似简单实则责任重大的工作，由于影响安全管理的因素众多，安全工作不易控制。因此，发生个别安全事故常常是难免的。处理咖啡馆安全事故需要遵守的基本原则是：

1. “谁主管谁负责”的原则

即咖啡馆安全事故处理工作，由咖啡馆经营管理者负责，主管、吧台长都要在咖啡馆经营管理者的领导下，承担必要责任，及时处理安全事故。

2. “三不放过”的原则

即事故原因不清楚不放过；事故责任者和员工没有受到教育不放过；没有类似事故的防范措施不放过，以保证事故处理及时、得当，能够起到预防作用。

3. 依法办事的原则

咖啡馆安全事故的性质不同，适用法律法规的范围和程度不同。凡是涉及法律问题的安全事故处理，都必须坚持以事实为根据、以法律为准则，依法办事，依法处理。同时，在具体认定时又要分清四个界限：一是责任事故与非责任事故的界限；二是破坏事故与责任事故的界限；三是重大责任事故和一般责任事故的界限；四是破坏国家安全事故和其他破坏事故的界限。在此基础上，妥善处理，依法办事。

4. 教育与处罚相结合的原则

在咖啡馆安全事故处理中，对那些损失较小、影响不大或难以预测的突发事故，应采取批评教育的办法，坚持教育和处罚相结合的原则。

（二）咖啡馆安全事故的处理方法

咖啡馆安全事故的种类很多，性质、内容、原因、大小等不同，具体处理方法也不一样。但是，从整体性、全局性的角度来考察，咖啡馆安全事故的处理方法大致包括以下几个工作步骤：

1. 掌握事故情况

咖啡馆安全管理负责人接到顾客或员工报案后，要迅速赶到现场。凡是紧急事故，如火灾、打架斗殴、食物中毒、破坏性事故等，要迅速采取应急措施，制止事态发展，同时了解事故情况。

2. 调查事故原因

在组织抢救（如火灾、食物中毒事故）、制止事态扩大或发展（如打架斗殴、抢劫、破坏事故等）的基础上，要将当事人留在咖啡馆或办公地点，调查了解事故发生的原因、经过、事故责任等，做好记录，取得证据。

3. 配合公安部门破案

凡是发生重大破坏事故，要及时报告当地派出所或有关法律主管部门，并配合公安、消防、食品卫生等专业主管部门做好侦察、破案工作，依法处理，严防坏人逃脱责任与处罚。

4. 针对不同事故性质进行处理

即在公安部门或上级领导下，坚持以事实为根据、以法律为准绳，根据情节轻重、责任大小，及时、有效、妥善处理，防止和减少类似事故的发生，以提高咖啡馆的安全管理水平。

六、咖啡馆消防安全管理

消防安全是咖啡馆安全管理的重要工作之一。它以防火安全为主，其工作内容、涉及范围十分广泛，具体工作又十分零星琐碎。但从总体来看，咖啡馆消防安全管理重点要做好以下三个方面的工作。

（一）消防设施与器材的配备与管理工作

配备好消防设施和器材，是做好消防安全保障管理、防止火灾发生的重要前提和基础。为此，咖啡馆从装修设计开始，到完成开业与经营管理，必须根据国家消防安全管理法规，按地方政府消防主管部门的要求，建设和配备好各种消防安全设施和器材。主要包括：一是以建筑为表现形式的防火墙、防火门、防火安全通道等。二是以装修为表现形式的防火卷帘、烟感系统设备、自动喷淋设备、自动火灾报警设备。三是与各处烟感、温感、自动报警设备相连的中央安全监控中心设备。四是以预防火灾发生为目的的各种防火设备。在设备配备和管理上必须做到配送齐全、完好、技术先进。经地方政府消防主管部门检查合格，方可开业。在经营过程中，上述各种消防安全设施和防火器材必须分设专人管理，要定期检查其有效性，始终保持其完好、有效，这样才能做好消防安全管理和火灾预防管理工作。

（二）建立健全消防安全责任制度

在合理配备消防安全设施和防火器材的基础上，做好咖啡馆消防安全管理，还必须建立健全消防安全责任制度，逐项落实到咖啡馆的每位员工身上。具体做法是：按地方政府消防主管部门的要求，咖啡馆要建立消防安全委员会，建立安全领导小组并配备安全执行人员；对咖啡馆所有的员工，均要制定消防和安全管理岗位责任制；主要咖啡馆经营管理人员还要签订消防安全等安全责任书，将咖啡馆消防和安全管理的工作责任执行落实到人。重要问题和安全隐患，直接报告咖啡馆经营管理者或召开消防安全委员会来解决，以确保咖啡馆安全，防止火灾发生。

（三）日常消防安全管理的组织工作

要贯彻预防为主、防消结合、以自防自求为主的方针和原则，必须认真做好日常消防安全管理的组织工作，严防火灾发生。其工作重点：一是组织做好消防安全的宣传教育工作，让全体员工树立防火意识。二是组织安全防火检查，要形成员工自查和消防监督机关检查等检查体系。三是组织训练好义务消防队，万一发生火灾可以自救，以减少损失。四是发现火灾苗头时，充分发挥火灾监控与报警的作用，立即报告，及时处理，防止较大事故的发生。

七、 咖啡馆员工卫生安全管理

员工卫生安全管理是咖啡馆经营不容忽视的内容，由于咖啡馆员工卫生关系到顾客的身体健康，关系到咖啡馆的声誉和营销活动的开展，因此规范员工个人卫生行为，避免病菌污染是咖啡馆经营的关键。

按照国家和地方卫生法规，餐饮生产和服务人员每年应做一次体检。身体检查的重点是肠道传染病、肝炎、肺结核、渗出性皮炎等。上述各种疾病患者及带菌者均不可从事餐饮生产和服务工作。对于咖啡馆来说同样如此，由于员工的清洁卫生和健康状况对饮品卫生起着关键的作用，因此个人卫生的管理也是咖啡馆卫生安全管理的关键环节。

个人清结是员工卫生管理的基础，个人清洁状况不仅显示个人的自尊自爱，也标志着咖啡馆的形象。个人清洁应做到“五勤”“三要”“五不”和“两个注意”。“五勤”的具体内容是：勤洗澡、勤理发、勤剪指甲、勤刷牙、勤换衣服。“三要”的内容是工作前后要洗手、大小便后要洗手、工作前要漱口。“五不”的内容是在当班时间不掏耳、不刷牙、不抓头皮、不打哈欠、不抠鼻子。“两个注意”的内容是当班前注意不食韭菜、大蒜和大葱等有强烈气味的食品，在顾客面前注意咳嗽、打喷嚏时须用手帕掩住口鼻，并转身背向顾客。需要提醒的是咖啡馆吧台员工手脚受伤时，应包扎好伤口，绝不能让伤口接触食物。员工工作服应合体、干净、无破损、便于工作。在咖啡馆工作，吧台人员应备至少三套工作服，服务员至少备两套工作服，以便清洗更换。

● 实训任务

选定一家咖啡馆，对它的某一项服务做安全检查，并填写下表。

咖啡馆安全检查记录表

检查项目		检查时间	
参加检查人员			
检查记录			

（续上表）

检查结论及要求   检查负责人：

填表人：

参考文献

［1］仇学琴，罗明义．饭店管理原理［M］．天津：南开大学出版社，2013.

［2］黄彪虎．市场营销原理与操作［M］．北京：北京交通大学出版社，2012.

［3］宋振春，聂晓红．旅游饭店餐饮管理［M］．济南：山东大学出版社，2005.

［4］徐文苑，贺湘辉，铁岭．酒店经营管理［M］．广州：广东经济出版社，2011.

［5］梭伦．旅馆业经营管理［M］．北京：中国纺织出版社，2001.

［6］车慈慧．市场营销［M］．北京：高等教育出版社，2011.

［7］王琴．连锁经营管理［M］．北京：北京理工大学出版社，2009.

［8］梭伦．宾馆酒店人力资源管理［M］．北京：中国纺织出版社，2001.

［9］李强．就想开家咖啡馆［M］．北京：科学出版社，2013.

［10］赵毅．小企业创办［M］．北京：北京理工大学出版社，2012.

［11］伍剑琴．酒店营销与策划［M］．北京：中国轻工业出版社，2013.

［12］吴中超．小企业经营管理［M］．北京：中国人民大学出版社，2009.

［13］李刚，赵子余．餐饮业经营与管理［M］．北京：中国劳动社会保障出版社，2007.

［14］沈建龙．餐饮服务与管理实务［M］．北京：中国人民大学出版社，2007.

［15］李伟清，贺学良，李菊霞．酒店市场营销管理［M］．上海：上海交通大学出版社，2010.

［16］金慧．饭店管理［M］．北京：中国人民大学出版社，2007.

［17］李家林．最新中小企业精细化管理制度范本［M］．广州：广东经济出版社，2014.

［18］江艳玲．最新中小企业精细化管理表单范本［M］．广州：广东经济出版社，2014.

［19］刘峰．为中小公司量身定做的管理表格［M］．北京：中国言实出版社，2013.

［20］刘峰．为中小公司量身定做的管理制度［M］．北京：中国言实出版

社，2013.

［21］肖晓．餐饮管理——原理与实践［M］．北京：经济管理出版社，2013.